冰雪旅游业发展模式探析

赵 凯 迟德水 王林鑫 葛东民◎著

中国商业出版社

图书在版编目（CIP）数据
冰雪旅游业发展模式探析 / 赵凯等著. -- 北京 ： 中国商业出版社，2024. 9. -- ISBN 978-7-5208-3143-7
Ⅰ. F592.3
中国国家版本馆CIP数据核字第20247NL144号

责任编辑：滕　耘

中国商业出版社出版发行
（www.zgsycb.com　100053　北京广安门内报国寺 1 号）
总编室：010-63180647　编辑室：010-83118925
发行部：010-83120835/8286
新华书店经销
济南圣德宝印业有限公司印刷
*
710毫米×1000毫米　16开　9.25印张　160千字
2024年9月第1版　2024年9月第1次印刷
定价：60.00元
****
（如有印装质量问题可更换）

前言

冰雪旅游在中国的社会经济发展中占据了重要的位置，其对区域经济的影响日益显著，并成为许多地区的发展重点之一。中国的冰雪旅游业展现出良好的发展势头，尤其是在2022年北京冬奥会的推动下，冰雪旅游及相关产业得到了快速的发展。但同时也面临着一系列挑战，比如基础设施不足、专业人才短缺、服务质量参差不齐等问题。为了促进冰雪旅游业的健康发展，需要加强基础设施建设、提高服务质量、培养专业人才，并进一步优化冰雪旅游业发展的模式，以满足游客多样化的需求。同时也能为实现区域经济的稳定增长和可持续发展提供有力的支持。因此，加强对冰雪旅游业的研究和发展策略制定，对于中国旅游业乃至整个社会经济都有着长远的积极意义。

本书共分五章，从冰雪经济高质量发展、冰雪旅游产业的相关概念、冰雪旅游业的发展模式、冰雪旅游产业发展和冰雪旅游业营销与品牌化发展模式，探讨了冰雪旅游业的发展模式，以期为我国冰雪旅游业的发展提供有益的参与。整体而言，本书不仅提供了冰雪旅游业发展的理论依据，也为实践者提供了实用的参考方向，是冰雪旅游业发展领域的重要参考资料。

本书在写作过程中参考了大量的文献资料，但由于笔者学术水平有限、时间仓促，书中不足之处在所难免，望读者批评指正。

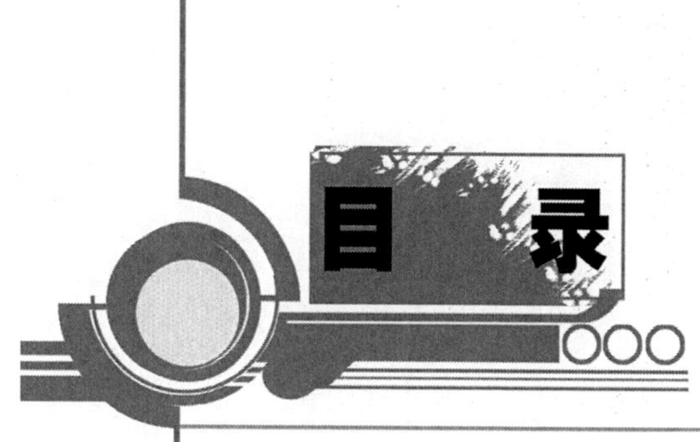
目 录

第一章
冰雪经济高质量发展

第一节　冰雪经济概述

一、冰雪经济的内涵

在政府相关政策的引导和市场的双重驱动下，我国冰雪体育产业开始迈入新的发展阶段。冰雪运动在全国范围内迅速开展，冰雪产业已形成相当规模，冰雪经济作为新的经济增长点也开始受到社会各界的广泛关注。近年来，关于“冰雪经济”的相关研究已经引起了学术界的重视，但迄今为止，在理论层面还未形成统一的定论，对于冰雪经济的内涵也存在不同的解读。

冰雪经济作为体育经济的一部分，在第三产业中所占比重越来越大，已成为当前我国体育经济发展的重要推动力和着力点。冰雪产业对上下游产业的带动效应以及对其他相关产业的拉动作用明显，冰雪经济的辐射范围非常之大，在未来我国冰雪经济的发展前景将会更加广阔，冰雪经济将成为我国社会经济发展中新的增长点和驱动力。冰雪经济涵盖了冰雪产业，但冰雪经济的范围比冰雪产业更加广泛，冰雪经济在资本市场中的地位也越来越突出。在欧美发达国家，以冰雪产业为基础的冰雪经济已进入较为成熟的发展阶段，关于冰雪经济的理论研究也形成了较为完备的体系，而我国冰雪运动开展较晚，主要集中于北方地区。在过去往往将冰雪经济放在体育经济、冰雪产业中进行研究探讨，并未将冰雪经济作为一种独立的经济类型进行专门研究，对我国冰雪经济的相关研究课题和文献很少，现有研究相对滞后，在地理上也主要集中在冰雪资源丰沛的东北地区。因此，针对当前我国冰雪经济的发展现状，有必要在理论层面和实践层面加强对我国冰雪经济的相关研究。

我国对于冰雪经济的研究起步较晚。20世纪90年代，学者武岫岚提出要建立一门新学科——冰雪经济学，并指出“冰雪经济学是研究以冰雪为特征的经济现象及其运动规律的科学”。此后，学者们在冰雪文化和冰雪旅游研究的基础上，对冰雪产业进行了深入探讨，从区域经济的角度深入研究了冰雪经济，把冰雪活动研究拓展到经济领域，填补了我国冰雪经济理论研究的空白。自我国成功申办2022年北京冬奥会以来，冰雪经济逐渐成为体育研究领域中的热点，关于冰雪经济的理论研究成果逐渐丰富，这对于我国冰雪经济向好发展具有重要的指导价值。

现阶段，关于冰雪经济的研究主要从宏观视角、中观视角和微观视角出发进行探究。冰雪经济的宏观研究大多数是与经济背景、社会发展、气候变化等相关联的研究；中观研究主要是对冰雪产业发展的研究；微观研究主要是对冰雪产业中各部分的细分研究，如滑雪场的经营管理研究、冰雪小镇的经济发展研究、冰雪体育赛事的研究等。在认识和理解“冰雪经济”的内涵时，有的学者从宏观经济背景以及区域经济的发展等方面对冰雪经济进行探究，也有的学者从中微观视角出发，通过对冰雪旅游业、冰雪装备制造业、冰雪赛事产业等冰雪相关产业的发展进行研究，以从中探讨冰雪经济的内涵。基于这种现状，现分别从宏观视角、中微观视角对冰雪经济内涵的相关研究进行梳理总结。

（一）宏观视角下冰雪经济的内涵

自从“冰天雪地也是金山银山”的发展理念被提出后，冰雪经济逐渐受到资本市场的青睐，学术界也围绕“冰雪经济”展开了相关研究，并形成了一些有价值的研究成果。

综合来看，冰雪经济是一种以冰雪资源为基础，涵盖了冰雪活动的第三产业的经济生产活动。冰雪资源是指凡是具备吸引旅游者的条件，可以作为资源被冰雪经济产业利用，并可通过此过程产生社会效益、环境效益以及经济效益的一切事物和因素。冰雪资源作为冰雪旅游资源及相关产业的营销对象，具有显著的

经济价值，其资源配置应在尊重客观规律和当地自然环境的前提下，以市场需求为主导，优化冰雪资源配置，通过对冰雪资源的合理开发利用，因地制宜地发展冰雪旅游经济，实现冰雪经济效益的最大化，将“冷资源”变为“热产业”。此外，冰雪资源也是部分城市发展所具有的独特优势，通过对优质冰雪资源的开发利用，以冰雪旅游为媒介，将带动上下游相关产业协同发展。在未来，冰雪经济将成为部分城市经济发展的重要推动力，进而对整个宏观经济产生重要的拉动作用。冰雪经济作为体育经济的一部分，属于为社会经济服务的冰雪活动，随着我国冰雪运动的普及，冰雪产业将迎来强劲的发展势头，冰雪经济在第三产业中的贡献率越来越高，在未来将成为带动我国第三产业发展的重要驱动力。

（二）中微观视角下冰雪经济的内涵

对于中微观视角下冰雪经济的内涵的理解，是从冰雪产业出发，通过对冰雪产业的整体延伸，发挥冰雪经济对关联产业的引领作用，进而对冰雪经济产生更为全面的认识。如今，随着我国国民经济的稳步发展，居民人均收入水平大幅度提高，越来越多的人开始参与到冰雪运动和冰雪旅游体验之中，这为冰雪经济产业的发展带来了巨大的商业客流和经济利益。大批南方游客纷纷前往北方冰雪旅游度假区，带来大量的冰雪体育消费。同时，冰雪旅游业带来的经济效益又将推动我国冰雪体育经济消费升级，进而产生更高层次的冰雪消费需求，并将其传导到冰雪产业及上下游关联产业链之中，推动我国冰雪产业和冰雪经济的整体升级，最终以冰雪经济小循环助推整个经济系统的良性循环。

二、冰雪经济的研究综述

冰雪经济是全球公认的朝阳产业，因其环保低碳、高效低耗、辐射广泛、收益明显、潜力巨大等特点，深受许多国家和地区的重视。欧美等发达国家的冰雪产业发展较早，基础设施比较完善，冰雪经济早已形成了成熟的运行系统和完整的冰雪产业链条。在欧洲，冰雪运动历史悠久，冰雪体育文化深入人心，参与冰雪运动已经成为普通家庭的一种日常锻炼方式。阿尔卑斯滑雪圈以其优越的地理条件以及高质量的冰雪资源，已成为享誉全球的滑雪运动胜地，带动了周边国家冰雪产业和冰雪经济的发展。在欧洲，滑雪是最普及的冬季户外运动，大部分居民都会滑雪，源源不断的冰雪运动参与者保证了冰雪经济发展的可持续性。同时，欧美冰雪经济的发展不仅拥有得天独厚的地理优势和优质雪源，其先进的冰雪运动设备、高品质的服务和比较完善的管理体制更是冰雪经济良性发展的核心要素。

进入21世纪后，我国冰雪产业开始进入高速发展阶段。同时，随着社会经济和科技的发展，越来越多的室内滑雪场和商业冰场出现在我国的城市之中，为一些冰雪资源缺乏的南方地区群众提供了参与冰雪运动的平台，有效地提升了群众对于冰雪运动的参与度，对于冰雪运动在全国范围的普及起到了重要的推动作用。伴随着北京冬奥会的成功举办，我国冰雪经济的发展必须抓住这次历史机遇，乘势而上，将其打造成为我国第三产业发展过程中重要的经济类型。

总体来看，目前我国冰雪经济还存在着发展缓慢、开发程度低、盈利模式单一、冰雪装备制造水平较低、科技含量不足和高端冰雪装备过分依赖进口等问题。但在北京冬奥会的热潮以及国家政策的扶持下，我国冰雪产业已经走上了稳步提升的道路，这对于新时代我国冰雪经济的稳步发展具有积极意义。冰雪经济作为以冰雪产业为基础发展形成的一种经济类型，细分之下，其具体内容主要包括以下几个部分。

（一）冰雪旅游产业

冰雪旅游作为冰雪经济的核心产业，吸引着我国大批学者进行关注和研究，当前国内在冰雪旅游内涵研究领域的深度和广度都存在一定程度的空缺，需要加强冰雪体育旅游的理论研究，填补其理论方面的空白。当前对于国内冰雪旅游的影响因素研究，更多的是基于其劣势进行分析，进而提出相应的对策，而且当前国内的冰雪旅游研究更偏向对于冰雪产业较为发达的地区，对于冰雪资源欠发达地区的理论研究相对较少。随着冰雪旅游规模的不断扩大，冰雪旅游已经不单单吸引着体育学者的关注，经济学、地理学的学者也都对冰雪旅游进行了不同程度的涉猎，冰雪旅游产业真正实现了研究领域的拓宽。

（二）冰雪装备制造产业

近年来，随着我国冰雪经济市场逐步扩大，冰雪产业体系日趋完善，冰雪装备制造业在我国冰雪产业体系中的地位越来越突出，在冰雪经济中的占有率逐年上升。随着冰雪运动在全国范围内迅速普及，冰雪装备产品也备受冰雪运动参与

者和市场的关注。冰雪装备制造业处于冰雪经济产业链的上游，具有利润附加值高的特点，是冰雪经济发展过程中极其重要的支柱型产业。总体来看，当前我国冰雪装备制造能力较低，以科技含量水平不高的基础冰雪装备的生产制造为主，对于中高端冰雪装备的研发和制造能力不足，尚未形成完备的冰雪装备制造产业链条，仍处于初步发展阶段。

冰雪装备制造业虽然已成为冰雪经济体系中一个重要的增值部分，但我国冰雪装备产业目前整体实力不强。主要表现在冰雪装备制造企业规模较小、产品科技含量不高、品牌影响力缺乏、市场竞争能力不强、国内品牌市场占有率不高等方面。而欧美发达国家的冰雪装备制造企业大多具备研发能力，注重冰雪装备的科技创新。由于冰雪装备研发具备前期资金投入大、投入产出时间长、研发过程风险大等特点，因此，许多冰雪装备企业不愿过多投入资金进行产品更新换代和新材料测试，这也在一定程度上造成我国冰雪装备行业的研发机构数量较少、自主创新能力不足、缺乏自主品牌，许多企业都是处于为国外冰雪装备制造企业进行贴牌代加工的局面。长三角地区作为我国经济发展水平和科技研发能力最强的区域之一，其冰雪装备制造业也存在产品质量参差不齐、核心技术掌握不足等问题。目前，我国在冰雪装备制造核心产业链上的很多领域仍处于空白状态，中高端冰雪装备（如造雪机）和很多关键零部件过度依赖进口。在冰雪产品品牌的市场占有方面，国外品牌也完全占据市场主导地位，我国缺乏具有国际影响力的本土自主创新品牌。

针对当前我国冰雪装备制造业发展过程中出现的困境，一些学者也对此进行了研究并提出了发展建议。例如，我国冰雪装备制造企业需要整合各种资源，进一步增强冰雪装备制造行业的开放性，通过满足消费者的消费需求来提升冰雪装备制造企业的市场影响力，促进冰雪经济的发展。应对冰雪运动装备进行分类，加强南北方地区跨区域合作，充分发挥不同区域的区位优势，扬长避短，促进冰雪经济的发展。

总体来看，我国冰雪装备制造业要想达到当前欧美国家的发展水平，还需要很长时间的沉淀以及多方的共同努力。要重点发挥长三角、珠三角等经济实力雄厚地区的科技研发能力，实现核心技术突破。加强政府与冰雪制造企业、高等院校和科研机构的合作，推动产学研一体化发展。努力打造具有国际影响力的知名冰雪运动装备品牌，在扩大国内市场的同时努力推动我国冰雪运动装备“走出去”，充分挖掘我国冰雪装备制造业的经济发展潜力。

（三）冰雪赛事产业

当前世界知名的大型冰雪赛事包括冬季奥林匹克运动会（简称冬奥会）、滑雪世锦赛、滑雪世界杯、短道速滑世界杯、北美冰球职业联赛等，但其中影响力最大的无疑还是冬奥会。冰雪产业的不断完善，吸引了越来越多的冰雪爱好者，使得冰雪赛事的影响力也随之扩大。以新疆阿勒泰地区为例，针对阿勒泰地区交通不便、经济欠发达阻碍了体育赛事的举办和体育营销的推广等问题，提出了以承办大型的冰雪体育赛事为引导，同时辅以阿勒泰当地的少数民族地域文化习俗，打造出具有阿勒泰当地特色的冰雪体育文化，并将冰雪体育赛事、冰雪节事、冰雪文化的体验模式向所辖各县市进行推广，使阿勒泰在新疆地区民族体育经济的发展中脱颖而出，并带动当地经济的发展的建议。

可以借助冬奥会的机遇，以冰雪赛事为切入点推动城市的冰雪基础性设施建设，培养冰雪产业的关键人才，进而推动冰雪经济的高质量发展。冰雪体育赛事作为体育竞赛表演业的一项重要内容，吸引着全球大批观众。尽管当前我国冰雪体育文化氛围不如发达国家浓厚，但由于我国人口基数巨大，冰雪运动爱好者的总数也不容忽视，在许多城市中，同样存在着大量的冰雪运动爱好者。这部分人口是冰雪体育赛事的主要消费群体，推动着冰雪经济的发展。此外，热门的冰雪体育赛事往往会诞生受大众追捧的明星运动员，高山滑雪、花样滑冰等冰雪运动本身也具有很强的观赏价值，因此一些冰雪赛事便具有很高的传播价值和商业开发价值，对于吸引冰雪运动参与者也起到了很好的宣传作用，这些都对冰雪经济的长远发展起到了积极作用。

（四）冰雪培训产业

冰雪培训主要包括对于职业运动员和普通业余爱好者的培训。要以冰雪培训为基调，拓宽冰雪人才发展路径。通过对我国冰雪运动可持续发展进行研究，发现我国冰雪培训服务存在不规范、培训体系不够完善等问题。因此，应构建冰雪运动文化、建立完善的冰雪培训服务体系等。要构建适应冰雪体育课程的教师培训体系，建立一支专业化的冰雪体育教师队伍。优化冰雪培训市场规范与准则，通过冰雪技能训练基地加强冰雪体育后备人才及关联人才的培养，是推动我国冰

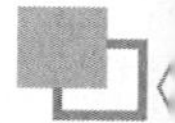

雪运动可持续发展的重要因素。随着我国“双减”政策的颁布实施，有效减轻了学生的学业负担，使得青少年学生有了更多的体育锻炼时间，这为他们从事冰雪运动创造了时间条件，对于扩大我国的冰雪运动人口起到了一定的推动作用，也为我国冰雪培训产业的发展提供了难得的发展机遇，同时促进了我国冰雪经济体系的完善与发展。

综上所述，形成完整的冰雪产业链是做大做强冰雪经济的重要基础，从国外冰雪产业强国的发展经验来看，冰雪经济产业链可分为上、中、下游三个环节。上游环节主要包括冰雪场地建设、冰雪景区打造和冰雪装备器材制造等，中游环节主要包括冰雪旅游产业经营、冰雪文化项目创造和冰雪体育事业发展，下游环节主要包括冰雪产业运营平台搭建、冰雪项目推广营销和冰雪消费人群吸引等。我国要大力普及推广冰雪运动，就要以南北方经济发展和自然地理环境的差异为依据，在北方以发展冰雪旅游经济为主，在南方经济发达地区以发展中高端的冰雪装备制造业为主，充分发挥各自优势。此外，我们还应当充分借鉴发达国家冰雪经济发展的成功经验，主动契合国际冰雪运动发展趋势和国内冰雪消费升级需求，努力推动我国冰雪经济实现高质量发展。

第二节　经济高质量发展概述

一、经济高质量发展的内涵与特征

（一）经济高质量发展的内涵

经济高质量发展是指投入较少的生产要素、实现高效率的资源配置、消耗较低成本的资源环境、最终实现良好效益的经济社会发展。这一论断主要涉及三个方面，即经济效益不断提升、经济结构不断优化、经济运行平稳保障。由此，本书将从宏观层面和中微观层面对经济高质量发展进行相应的内涵界定。

1. 宏观层面的经济高质量发展的内涵研究

宏观层面的经济高质量发展更多的是以总体角度为切入点进行相关的研究。在宏观层面上，“高质量发展”与“经济高质量发展”从字面上看有所不同，前者更倾向于全社会，而后者更倾向于经济层面。若仅仅从字面角度去研究经济高质量发展，那便很有可能在一定程度上割裂了“经济高质量发展”和“高质量发展”之间相互转化、促进的内在联系。“经济高质量发展”不仅强调经济发展的多目标，更强调了其发展的高层次。我们研究经济高质量发展并不能仅仅局限于经济范畴，还应当充分考虑到其他角度，如从社会、政治、文化、生态等方面，而我国当前从宏观角度去分析研究高质量发展更多的是集中于经济学角度，实际上二者的概念在目前已有的研究之中并未做出十分明显的区分。

首先，在宏观视角下，从理论的角度去理解“经济高质量发展”的内涵，首要的便是阐释何为“质量”，何为“发展”。在质量经济学中，“质量”是从规范性的角度出发，去评判经济的优劣程度；经济的发展是将一国之中的国民经济水平从最初的低端逐渐发展演进为高端，在经济水平的演进发展过程中，国家与社会同时伴随着制度、结构、产业、收入、消费、医疗、生态等一系列发展过程。

其次，通过发展条件的角度来理解“经济高质量发展”的内在含义，只有在实现经济结构高质量的基础上，才能进一步实现高质量的经济发展。高质量的经济结构主要体现在资源配置、供需、业态、市场、就业、消费、产业及其内部结构之间，各要素的不断协调融合及优化完善。当一国经济处于高质量发展阶段，要求本国经济结构不再进行基于静态均衡基础上的帕累托优化，而是要基于本国当前具体情况进行新增长点的优化和调整。

再次，从发展过程的角度来研究“经济高质量发展”的内在含义，高质量的生产效率是实现经济高质量发展的基础。从静态的角度出发，较高的生产及投入产出效率和效益是高质量生产效率众多因素中必不可少的一个部分。此外，高质量生产效率还包括达到较高水平的土地、劳动、机械化程度、自然资源、资本等在内的各类生产要素投入的利用率、边际产出率和生产规模报酬，以及最优化配比各类生产要素、最科学设定各类生产过程。从动态的角度出发，若想让生产效率达到较高水平，那么拥有强劲的内在持续动力是经济主体实现效率进一步提高所不可或缺的条件，通过自身内在动力的激发和促进，实现经济高质量发展的内

生驱动，并进一步保证自身动力是充足的、合理的、与时俱进的，则可实现上述目标。

最后，从发展结果的角度来理解“经济高质量发展”，只有经济发展方式以高质量为导向，最终才能实现经济高质量发展。使“要素驱动”向“创新驱动”转变，“低端代工”向“高端研发”转变，“劳动密集”向“人才引领”转变，“资源消耗”向“绿水青山”转变，最终在实现经济高质量发展的目标之下，且不以生态环境和不可再生能源的牺牲为代价，实现经济主体与自然环境、社会环境相互融合。

2．中微观层面的经济高质量发展的内涵研究

在中微观层面，若要进行经济高质量发展的相关研究，则需要先厘清经济高质量发展的内在含义。而对于“经济高质量发展”内在含义的理解，则需要先理解“经济发展质量”“经济发展”“质量”的内涵及其相互关系。

从社会属性角度来看，质量是用来评定一个质量主体优劣程度高低的指标，其本质是对经济事物的社会价值的判定。所谓的“经济发展质量”，是从其本身的优劣程度对经济发展进行一个判定。我们在关注“经济发展质量”的过程中，不能够仅将注意力停留在静态的经济发展水平上，更不能只关注绝对以及相对量的扩张，而应该重视经济健康、稳定、持续发展的能力。

从社会动态角度来看，经济高质量发展并非普通的经济增长，也非普通的经济发展，它是包含了更为广阔的人类和社会发展的目标，如现代技术的迭代更新、经济结构的完善升级、社会经济的发展进步，以及人类生存发展的当前状态和未来目标，既包括演进过程和最终结果，也包含实现手段和既定目标。经济高质量发展在存量上取决于经济发展过程中所取得的实际成效，而在增量上体现为经济发展过程中发展目标的改善程度或者是向发展方向的进展程度。

从中观层面去分析研究经济高质量发展，本书主要是从经济结构和区域发展的角度对其进行内涵界定。经济结构是指在经济系统结构中，各个不同的要素所存在的相互的空间关系，按照范围的不同可将其区分为微型的企业结构、中型的产业结构、大型的区域结构等。全面融合经济结构中的各要素关系能够较好地促进社会经济进步及发展。从企业的所有制性质上看，涉及全民所有制的、集体的、私人的、独资的企业等，可以通过进一步调整各类企业之间的所占比例，来优化我国企业结构。按照传统的界定方法，可将产业区分为农业、工业、服务业等类别。改革开放至今，我国的产业体系逐渐成熟，从最初的单一到完善，最终逐渐发展为产业结构趋于科学。

区域发展是指在既定的时间和空间限制之下，以资源、企业、社会为重点的相关经济行为及活动，其中包含三个阶段。在初级阶段，自然环境对人为社会活动的限制较小，而人为活动对生态环境的影响也较小，在区域内部之间的人与自然关系较为和谐。在发展阶段，随着经济的不断进步，对自然环境的消耗逐渐增大，工业化和城市化也不断壮大与扩张，各区域内部关系逐渐走向复杂，人与环境之间的关系发生了较大转变，双方之间出现明显的不协调状况。在转型阶段，由于经济增长和城市化进程的进一步发展，导致了以人地矛盾为主要表现的一系列问题，原有的区域优势逐渐消失，区域发展可能出现从正增长到停滞再到负增长的情形。区域集群效应减弱，人口减少等区域问题逐渐显现，此时，整个区域必须进行深度调整，并努力寻找新的发展方向。

在微观层面，主要从产品质量、服务质量、企业发展、制造业发展等角度分析研究经济高质量发展，并进行相应的内涵界定。产品质量主要是指为了迎合社会消费需要和社会生产需要而形成的对应特质，其包括两个方面——内在层面的质量和外在层面的形式。产品的内在质量包含安全性、可靠性、经济性、寿命、性能等方面。服务质量则是指服务能够很好地迎合当前社会中已存在的和即将出现的需求的总和。而服务质量之外还存在有预期服务质量，其主要是指消费者对于相关的企业在未来一段时期内所能够提供的本职服务的满意程度。企业发展是指企业立足于当前所处的实际环境中，通过对当前环境的具体分析，明确当前企业优势和劣势，并且对未来的市场社会情况进行相应的预测分析，保证企业能够进一步平稳发展，从而更好地去迎接未来的挑战，并最终实现企业目标。制造业是指为了给社会大众提供相应的产品，凭借机械制造的方式，在符合当前市场和未来市场的需求之下，使用现存的资源进行生产的行业。制造业的发展水平作为一个较为明确的指标，能够测度出不同地区的生产力发展水平，也能够较为准确地反映出其内在的生产力发展程度高低。当前，我国已迈向中国特色社会主义新时代，实现制造业高质量发展，必须坚持以创新为导向，必须全面推动企业形态和产业模式更新换代。从微观层面推动经济高质量发展，需进一步激发各种内在因素，做到社会产品以质量驱动，社会服务以人性化驱动，企业发展以稳健驱

动，制造业发展以创新驱动，各要素之间相互促进，各环节之间相互转化。

（二）经济高质量发展的特征

从“新发展理念”，到“高质量发展”，经济发展历经了一个从多维度到综合维度的转变。其特征主要表现在以下几个方面。

一是经济增长稳健。经济增长向来被作为评定一个国家或地区经济发展速度的有力指标，在过去，我国经济增长相对较快，随着社会发展及经济转型，我们不再一味地追求高速度、高指标，而是转向稳健型发展。经济的稳健发展，是社会繁荣昌盛的具体表现之一，也是实现高质量发展的必经过程。

二是产业结构合理。产业结构的合理分配能较好地体现出一国或地区的综合发展状况，通过对其三大产业占比的分析，能够明确一国经济发展的主要动能。目前，创新驱动发展战略深入推进，供给侧结构性改革稳步实施，我国遗留的过剩产能得到了更好的处理与释放，各大产业配比得到优化完善，进一步充实了经济高质量发展的内涵。

三是创新驱动导向。进入21世纪，我国在人口方面的优势所带来的低成本生产逐渐消失。在国际金融危机之后，人们深刻意识到科技作为第一生产力的重要性，同时也进一步明确了创新才是引领社会经济发展的第一动力，进而提出了科技创新驱动发展，以创新带动经济复苏，以创新推动经济发展。

四是区域发展协调。在改革开放之后，经济特区从南到北、从沿海到内陆逐步设立，经济特区的出现，打开了我国经济发展新的大门。在我国经济高速发展的背后，各地区发展不匹配、不平衡、不相适应的问题也逐渐显现。在新时代，就是要在我们目前已经取得的社会成就之上，进一步缩小沿海与内陆、东部与西部、城市与乡村之间的差距，在不同区域上实现各自相应的发展目标，共同推动经济高质量发展。

五是生态建设优化。将以往的社会经济建设作为参照，不难发现其经济进步的实现是以消耗资源为代价，经济发展虽日益提升，但生态环境也受到了影响，并逐渐转变为制约经济发展的因素。在新时代，若想实现国家社会经济的可持续性发展，就要进一步转变观念，始终秉持“绿水青山就是金山银山”的绿色发展理念。

六是从开放走向繁荣。进步来自开放，落后源于封闭，是我们回望百年历史所总结出的宝贵经验。在经济全球化的体系之中，任何一个国家或民族仅靠自身的力量难以取得长远的发展，只有大胆地敞开国之大门，不断深化与他国之间的经济文化交流，在交流中学习经验、积蓄能量，才能够取得长足的进步，这既是历史的规律，同时也是现实的需求。文明因开放而蓬勃发展，因封闭而日渐衰落，开放正是自古至今人类文明发展的核心驱动之一，我国经济高质量发展也将在开放之中融入更多的时代内涵。

二、经济高质量发展的水平测度

把高质量发展作为全面建设社会主义现代化国家的首要任务，进一步表明中国经济开始转向高质量发展阶段，进一步凸显了发展质量的全局意义和长远意义。在经济飞速发展的同时，如何测定经济发展是否为高质量成为学术界关注的一个热点。

对于经济高质量发展的水平测度，学术界从不同的角度切入，有着不同的看法。目前来看，经济高质量发展的水平测度还没有统一的标准，尚处于探索阶段。经济高质量发展是我国当前社会时期的客观要求，同时也是经济发展到一定程度后量变到质变的必然结果。所以经济的高质量发展也说明，要改变以前单纯追求经济增速以及经济增量而不考虑发展成本的做法，设立新的经济发展政策，充分考虑创新、协调、绿色、开放、共享和以人为本等各方面的因素，坚持生态优先、绿色发展、区域协调、全面开放等理念，使经济向着更加健康的方向发展。因此，经济高质量发展应该是更好地满足人民的需要，提高人民的生活品质。这样，才能够更加符合当前我国的经济发展需要，更好地反映我国当前经济的高质量发展的状况。

三、经济高质量发展的路径选择

随着我国经济步入高质量发展的新时代，对于经济增长也提出了更高的要求，如何向高质量进行合理的转型也是当前一个重要问题，不同学者从不同的角度切入，对于经济高质量发展的路径选择有着诸多不同的看法。多数学者都是在五大发展理念的基础上构建相关指标。所以对于路径的选择，有的学者也是以五大发展理念为基础提出如何更好地发展高质量经济。从国际视角来看，我国应以五大发展理念为基础，吸取世界其他国家的经验，改革和完善市场制度，继续深

化供给侧结构性改革，创建或改革相关制度与体系。同时，国家提出了“以国内大循环为主体、国内国际双循环相互促进”的新发展格局，为经济高质量发展提供了一个新的方向。要加强国内人才的培养并建立国外高端人才的引进机制，充分利用大数据等新一代信息技术，将产业发展与数字经济相融合，对核心产业及相关领域的关键技术加大投资与补贴力度，以此来提升竞争力。在产业发展的各个环节尽量减少资源消耗和环境污染，通过收入分配制度改革，完善分配体制。近年来，随着新一轮的科技革命，我国的大数据、云计算、人工智能、5G等方面的新技术取得了迅猛的发展，成为推动经济高质量发展的新发力点。

在当前的时代背景下，经济想要高质量发展，就必须针对我国经济发展过程中面临的问题，采取一系列的举措和改革，为新经济发展创造条件。具体包括鼓励创新、提供公平自由的发展环境、完善基础设施、把握经济全球化的趋势。同时，结合我国当前所处的环境，也要推动新经济高质量发展带动整体经济高质量发展。当前，我国经济高质量发展存在着区域差异，基于此，我国经济高质量发展应该立足顶层设计，明确发展战略导向、深化要素市场化配置改革、加强科技创新和自主研发能力、不断修正和完善国民收入分配、着眼于民生福祉和深化供给侧结构性改革。

综上所述，自从“高质量发展”一词在党的十九大被提出后，经济高质量发展相关的研究迅速成为各研究机构和学者们关注的热点。与经济高质量发展相比，如何评价经济发展的质量，经济高质量该往什么方向发展同样也是不可忽视的问题，当前对于经济高质量发展的路径以及实践的研究也在不断进行当中。我国制定了“以国内大循环为主体、国内国际双循环相互促进”的新发展格局。从国际来看，当前经济形势依旧严峻，在此背景下我们应该继续坚持改革开放、坚持习近平新时代中国特色社会主义思想、继续深化供给侧结构性改革和体制改革，并且将新的发展理念融入发展路径。同时，还应该充分将以人为本的理念融合，将当前经济高质量发展存在的问题加以解决，才能够制定出一条适合我国当前国情的高质量经济发展路径。

因此，作为我国经济高质量发展中有机组成部分的冰雪经济，也要建立起合理的结构体系，在现有体制下以北京冬奥会为契机充分宣传和发展冰雪运动，使冰雪运动走进大众的视野，早日实现“三亿人参与冰雪运动”的目标。充分发挥我国各地区的独特资源和技术优势，北方以竞技运动训练、南方以高新技术研发为主。坚持创新，将新技术与冰雪产业相结合，完善与冰雪运动项目相关的配套产业设施，提高冰雪产业的核心竞争力。推动冰雪赛事、冰雪旅游等冰雪产业体系的构建，早日使冰雪产业完善成熟，最终不断扩大冰雪经济在我国国内生产总值的比重。

第三节　冰雪经济高质量发展的理论基础

一、复杂适应系统理论

（一）复杂适应系统理论的重点

复杂适应系统（Complex Adaptive System，CAS）理论认为：CAS在发展的过程中会面临很多问题，它演化的动力有很多种，但本质上在其系统的内部。其中，复杂性现象分为宏观和微观两个层面，但是微观主体间会不断发生作用，其产生的现象就是宏观层面的复杂性现象。由上面的结论可知，系统内部要素之间会发生持续性的相互作用，而这种现象就成为该系统理论方法的研究思路，所以“自上而下”的研究路线与这种现象相呼应。该系统理论的研究深度也包含了多重因素，绝不只对一些客观的事物进行研究和描述，但是影响构成这些客观事物的多种因素和在其不断向着更好的方面进行演化的进程中产生的问题，都将会作为该系统理论关注的重点。

（二）复杂适应系统理论的概念

CAS理论最基本的概念是具有适应能力的（Adaptive）、主动的个体（Agent），简称主体。该系统中的适应性主体具有感知和效应的能力，每个主体本身富有积极的“活性”、主动性和目的性，通过这些特性可实现依据环境的变化进行调整，它们为了获得尽可能多的生存机会和利益也会选择与其他个体进行相互之间的协同和竞争。但主体也并不是完美无缺的，有时也会出现一些失

误，比如对一些出现的情况作出了错误的预判，那将会导致它逐步走向消亡。总的来说，系统的复杂性正是由于主体的适应性造成的。

系统中的主体相比较于前期系统科学所采用的“部分”“元素”“子系统”等概念有着很大的不同，早期的这些概念都是处于被动的地位，它们没有自己固定的价值取向或者既定目标，其能够存在只是为了可以完成一些系统分配的任务，即使在环境中能够与其他因素进行交流，也只能是通过固定的方式做出一些固定的反应。但主体就不同于此，它可以随着时间进行演化与发展，具有“学习”与“成长”的特点。由此可知，复杂系统理论与以往的系统观存在着根本性的差别。

（三）复杂适应系统理论的特点

CAS理论有五个特点。第一，在系统内无论是子系统之间还是主体相互之间的界限都非常清晰，整体的层次性区分明显。第二，系统中每个层次之间独立性较强，相互两层之间的关联与沟通少，由于分层明显，所以每层的个体主要与本层的其他个体进行交流。第三，系统中的个体具有适应性、主动性和智能性等特性，主要表现在它们可以自如地将自身状态和参数根据环境的变化进行调整。它们为了获得尽可能多的生存机会和利益也会选择与其他个体进行协同及竞争，这种行为也与现在自然生物界中“优胜劣汰，适者生存”的理论相呼应。这也可以反映出CAS主要是一个基于个体并且持续进行演变发展的演化系统，在其不断演变的过程中，处于变化的是个体的功能、属性和性能参数，整个系统内部的多种功能和系统结构也会随之发生变化。第四，每个独立的个体都具有的特性是并发性，整个系统中个体进行演化的方式是并行地对环境中的多种刺激作出反应，每个个体也会伴随着这些反应发生变化。第五，在CAS的模型里可以引进随机因素的作用，使它具有更强的描述和表达能力。

二、创新生态系统理论

（一）创新生态系统的概念

国内学者对创新生态系统的研究层出不穷，创新生态系统是各系统之间存在着共生关系的经济共同体，同时也可以充当基于长期信任关系而形成的比较松散但相互之间又存在关联的复杂网络结构，各系统组织间进行网络协作，并且对人力、技术、资本等创新要素进行深入的整合，目的是将多个创新因子进行有效汇聚从而可以创造不同的价值，实现网络中各主体的可持续发展。

通过分析研究可知，创新生态系统作为一个群落，它具备了一整套合作创新支持体系，通过发挥其内部各个创新主体的异质性，进行与其他主体之间的协同创新，由此实现其中的价值创造，形成了一种协同共进与相互依存的网络关系。

（二）关于创新生态系统的研究

国内外对创新生态系统的研究逐渐丰富，通过对现有文献的分析可以发现目前学术界对创新生态系统的研究具有以下三个特点：第一，从研究对象进行分析，对企业、国家等宏观和微观层次创新生态系统研究较多，但是对区域和城市等中观层次的创新生态系统研究很欠缺。第二，从研究的具体细节内容分析，目前主要是对创新生态系统的结构、功能、风险管理等多个方面进行研究，但关于动力机制与治理能力对创新生态系统的演化所产生的影响方面的研究还存在一定的欠缺，另外，在对城市创新生态系统的治理能力方面的研究也有着很大的空间。第三，从选取案例方面分析，当前国内外对创新生态系统的研究还只是涉及了美国、法国、日本、中国的福建和北京等国家与地区，相对于发展中国家的城市和区域创新生态系统的研究并不多见，所以从演化的视角推断，一些关于发展中国家的城市和区域的创新生态系统研究将会成为一个新颖的方向。

（三）创新生态系统生成的合理性逻辑

当前的创新生态系统虽然取得了一些颇有价值的研究成果，但是一些关于“为何存在”和“何以可能”创新生态系统的问题还没有进行比较深入的探讨，这些总结来说就是“何以生成”的问题。这是解决该理论生成的合理性逻辑的关键问题，也成为该理论得以确立的必要前提条件和理论支撑。创新生态系统中“何以生成”这一问题的解决需要从以下三个方面来回答。

1. 创新生态系统生成的本质

创新是创新生态系统的核心。根据现有的研究可以发现，创新生态系统的构成总的来说可以概括为两个方面：一是可以称为“硬件”的生成必要基础，硬件中包括创新群落和环境两部分，创新要素会在这两部分之间进行流动；二是“软件”，是创新生态系统能够持续发展下去的基础，从广义的角度可以解读为能够

对人们的思想进行唤醒，激发他们去不断创新的文化，主要包括社会规则和反馈机制等内容。

2. 创新生态系统生成的内在依据

对该系统生成的内在依据进行分析，其中的关键是对创新生态系统中包含的深层学理进行不断探索。该系统的生成与存在也有着特定的“关系”基础，创新群落与环境作为该系统生成的基础，该系统生成的内在依据就是这二者的关系连接，为该系统的生成和持续发展奠定了基础。

3. 创新生态系统生成的根本动力

系统中的内生动力与外生动力的统一是创新生态系统的根本动力。创新生态系统生成的内生动力中，系统的内生源动力是交流，人际和电子交流是内生源动力的两个部分，通过交流不仅可以推动不同创新主体与环境进行联系与连接，还可以更好地推动该系统的区域内生演化。

创新生态系统生成的外生动力。现在社会已经进入“互联网＋”的网络新时代，其中空间的组织形式随之发生了翻天覆地的变化，系统中各要素的汇聚不仅表现在物理空间上，虚拟的网络空间中也在进行着汇聚，与此同时网络和物理空间也在发生着相互的联系与作用。该系统作为一种空间的结构和模式，它本身就在强调内生经济，它体现的空间观主要表现为生态思维和网络思维。所以对创新生态系统能够产生巨大影响的因素是空间组织形式的改变，这个因素也成为该系统生成的外生动力。

综上所述，创新生态系统的生成主要通过基于各个创新要素之间进行正确组合形成客观规律所提供的可行性空间，创新群落和环境之间通过创新媒介进行交流与沟通，以此推动空间进行变革。目的是对该系统中的价值创造的实践空间进行不断拓宽，由此获得多元价值的创生。

创新生态系统的提出更加强调创新体系作为网络形态的系统性，其基本内涵主要体现在以下三个方面。

首先，创新生态系统更加全面地刻画了创新体系的生态过程。该理论认为，生物界中的各种群落和物种都会与它们所处的环境融为一体，相互依存，这就构成了一个整体的生态系统。参照演化经济学的观点，可以将人类的创新活动与自然界的生态系统相比拟，可以把由政府、科研组织联结而成的种群在自然环境下相互约束和相互竞争的动态演化过程看作是创新过程。该系统在企业创新范式基础上将自然环境新增为一种重要的创新驱动力量，全面揭示了创新过程的生态系统性。

其次，创新要素的多元性成为该系统更加强调的部分，在创新生态系统中，创新过程是多个群落和不同物种对环境与外部扰动应对的过程。创新资源的提供者和约束方以及该系统的重要成员是自然环境，创新生态系统中所涵盖的利益相关群体最为广泛，可以作为一个突出多元化要素的共生演化系统。

最后，该系统对共生式创新更加关注。在创新1.0阶段，企业内部中各环节开展研发的双螺旋驱动和市场需求作为创新的源泉，这种模式强调的主要是企业内的个体创新，属于是一种完全闭锁式的创新模式。但是到了创新2.0阶段，资源变得越来越稀缺，这将成为企业逐步关注外部创新资源的驱动力。企业之间的联系与合作也逐渐被重视，国家也着手推进了创新体系的建设，由此演变为三重螺旋驱动的模式，这种模式包含了企业、政府和科研三个主体，这种模式可以归结为开放型的创新模式。现如今已经进入创新3.0阶段，伴随着时代的发展，用户对产品认知和消费经验的积累，对创新模式的转变也产生了非常重要的影响。与此同时，为创新发展提供了新的动力和机会的因素是自然环境，环境创新这种方法也逐渐被国家和企业所关注，整合了种种因素从此形成了五重螺旋创新的生态系统新模式。该系统对创新的外部特征进行了充分的体现，对多方资源的整合与共享也变得尤为重视；强调群落间的共生与动态演变，创新生态系统的共生性也变得更加突出。

三、协同学理论

（一）竞争与协同

在协同理论整个大的系统中，能够促使其内部的各个子系统之间出现具有各自不同的形态聚集之间变化的是竞争与协同，同时它也是系统自组织能够不断演进的主要动力来源。这种转变在大系统发展的过程中存在普遍性，通过演变成为不同形态的相也会形成各具特点的特征，主要的表现形式为相的多样性。由于事物在发展的过程中会形成不同情况，随之也会出现差异，最终就会产生竞争。在协同学理论中，竞争的存在也对系统形成了较积极的作用，同时也为系统前进

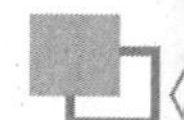

奠定了基础，由于事物在不断地发展与演化，这个过程中就会出现各种各样的差异，这种差异也是竞争能够存在的决定性因素。

在协同这个大系统内部存在着众多子系统，这些子系统在发展的过程中会进行沟通与交流，通过它们之间的相互协作可以将系统的整体性充分展现出来，所以说协同并不是单一的子系统，这样是无法表现出来的。众多的子系统通过相互之间的协同合作，能够达到一定的阈值，这样就会促使新功能的出现，从而能够产生新的结构。

（二）序参量

系统不断地发展与演变，在这个过程中整个系统内部的参数会从无到有乃至越来越多，这些新的参数也将成为新结构形成的重要组成部分。在序参量参与其中之前，整个系统内部的各个子系统之间几乎没有联系与交流，但是它们会在各自发挥作用的同时对整个系统的有序发展起到促进和推动的作用。

通过系统的持续演变，其中的参数也会达到一定的阈值。当这个阈值处于饱和状态时，由于子系统之间会发生关联性作用，它们的相关性加起来就会超过系统的各个功能，从此便形成了居于主导的地位，通过它们之间的交流与联系会形成一种协作模式。每个子系统的作用和能量是比较渺小的，如果可以将各个子系统联系起来，集中发挥它们的作用，就可以促进协同理论的形成。系统中各个子系统之间的协作也推动了序参量的形成，序参量的作用有很多，其中最重要的作用体现在对系统的控制上。同时，序参量在形成的过程中各个子系统之间进行的竞争与交流协作也起到了至关重要的作用。

（三）支配原理

协同学理论系统中存在的支配原理，是由序参量和各子系统相关性联合起来形成的主导地位共同形成的一个有序的宏观结构，协同学理论通过运用数学方法，将系统中的快参量等于零，并且将关系式带入相关的方程式中，从而可以得到一个序参量方程，这是一个慢参量的演变方程。

系统中的各个子系统是处于一种无规则的运动状态，所以即使系统处于有序状态时，子系统的运动也不会停止。随着整个系统所处环境的变化，子系统的运动会产生一种局部的耦合效应，正是由于耦合效应的出现，系统中的平均值就会与宏观值的瞬间值产生或多或少的偏离。

（四）自组织

自组织结构也被称为自组织理论。该理论形成的首要条件是在一定的环境和条件的基础上，能够尽可能地提供一定数量的能量和物质流，系统通过自身的演变与发展不断地从外部环境中索取改变方式，通过对各种形式的信息进行反馈，能够实现有序与无序之间自由地转换角色，也通过内部结构对内部自组织系统进行控制。自组织作为协同学的核心，它需要序参量来维持本身的状态。

协同学理论从创立到发展至今，由刚开始时的模糊不清逐渐发展成为条理清晰、内容丰富且实用性极高的理论，这个过程的艰辛程度可想而知。现如今协同学不仅涉及社会学、经济学和管理学等人文科学领域，还应用到学科型、创新型和应用型等人才培养领域以及孵化创业平台的建设等方面，这些领域的研究者在进行问题研究的时候都能够或多或少地利用和借鉴到协同学理论的基本内容。

协同学的原理可以总结为是系统中各个子系统通过相互交流与协作，共同产生一种效应，然后利用自身的优势在研究者解决问题时发挥自己有序结构的特点和优势。总的来说，该理论为研究者在不同领域的探索中提供了新颖的研究视角，也能够在研究者发现问题和解决问题的同时通过运用协同学理论而得到更多的启发。

四、社会再生产理论

（一）相关内容

社会再生产理论是通过对社会总资本的流通和再生产的全面分析来进一步阐释说明其形式和实现条件。通常来讲，一个国家或地区在一定时期内（通常为一年）由自身的物质生产部门所产出的所有物质资料之总和，我们将其称为社会总产品。关于社会总产品在生产过程中能否达成一个完整的闭环补偿，即为社会再生产的核心问题。

（二）实现条件

马克思的社会再生产理论需要在两个理论都实现的基础之上才能够成立：一

是将社会总的生产部门划分为两类，即第Ⅰ部类和第Ⅱ部类，分别是生产生产资料的部类和生产消费资料的部类。马克思认为，在社会再生产过程中包含着两种不同性质的消费，因此将其划分为两大部门。通过对社会生产进行高度抽象的划分，则可对两大部门之间的交换关系进行纯理论上的考察与分析，以便揭示其内在的规律与联系；二是将两个部类或社会总产品的产品价值界定为三个方面，即不变资本、可变资本、剩余价值。马克思将社会生产划分为两大部门，将社会总产品的价值划分为三个部分，这是将其与劳动二重性学说和剩余价值理论直接相联系。

（三）主要类别

马克思在对资本主义再生产进行研究时，将其区分为扩大再生产和简单再生产两类，我们在对社会总资本再生产进行相关研究分析时，首选对简单再生产进行研究。简单来说，社会总资本的简单再生产就是在社会再生产完成一个循环之后，由于资本家的个人消费消耗掉所有的剩余价值，未产生剩余和增值的部分，因此其生产规模并未发生变化。一般对简单再生产进行研究，需要假定社会中只存在工人阶级和资本家，且整个社会是资本主义性质；在一年的周期中消耗完所有的不变资本，在零对外贸易的环境下，新产品的价值增值全部都来自不变资本自身价值的转移，商品价格能够按照相应的价值进行出售。对简单再生产进行研究要将其相关条件进行明确，其中第Ⅰ部类的内部交换、第Ⅱ部类的内部交换、两大部类之间的交换都必须存在。通过以上的交换，存在于社会中的总产品各部分从实物角度、价值角度都获得了相应的补偿，简单社会再生产则可在此基础之上循环进行。

在实际情况中，简单再生产几乎很少出现，取而代之的是扩大再生产。扩大再生产相比简单再生产，其实现条件会更加复杂，需要货币积累到一定程度，社会中存在一定的物质条件，经过长期的资本积累和剩余价值转化为储藏货币，再由储藏货币转化为生产资本，再到生产要素，从而扩大社会再生产。我们通过对简单再生产进行相应的结构调整，就可为扩大再生产创造出一定的物质条件和基础。

首先，从实物形式的角度来看，第Ⅰ部类的剩余产品被划分为两个部分，一部分是用于第Ⅰ部类自身积累的生产生产资料所需的生产资料，另一部分是用来与第Ⅱ部类进行交换的生产消费资料所需的生产资料。在扩大再生产的过程中，第Ⅰ部类进行生产所剩余的产品需同时为第Ⅰ部类和第Ⅱ部类两个部门提供生产资料，如此，第Ⅰ部类通过从上一个循环中获取剩余的生产资料，能够不断地进行自身积累并为第Ⅱ部类不变资本的积累提供相应的生产资料。与此同时，第Ⅰ部类中资本家用于个人消费的剩余价值和可变资本之和必须小于第Ⅱ部类中用于积累的剩余价值和不变资本之和。

第Ⅱ部类的全部产出除满足资本家与工人的消耗外，还要留存有余量用于扩大再生产对追加消费资料的需要。社会总资本若要实现扩大再生产需要三个前提条件：一是第Ⅱ部类中的原有不变资本加上追加的不变资本需要与第Ⅰ部类中的原有可变资本加上追加的可变资本，和第Ⅰ部类资本家用于个人消费的剩余价值之和相等；二是若进行扩大再生产，第Ⅱ部类中的全产物价值，除在补偿两个部类资本家所需的生活资料及两个部类原有工人所需生活资料的基础上，还需要满足两个部类中新追加生产的工人们所需的生活资料；三是第Ⅰ部类全产物价值，必须能满足两个部类在进行生产资料积累时需要追加的生产资料。

（四）现实意义

社会再生产理论虽然已问世多年，但其内容与内涵有着科学严密的逻辑，深谙社会生产的本质，对社会生产的两大部类协调与发展有着很好的指导性意见，同时也对我国新时代经济高质量发展的众多方面有着较高的借鉴价值。

1. 促进产业结构优化升级

一个国家的产业结构和三大产业的划分与马克思再生产理论中的两大部类的生产与交换在其本质上是存在着差异的，但无论是对于产业结构，还是三大产业，或是再生产理论，其研究对象都是以国民经济为总体，研究目的最终都要回归到如何协调产业之间的发展以及促进产业的高效运行。马克思再生产理论如同灯塔般指引着我们不断深化改革传统产业结构及模式，深入推动新兴产业蓬勃发展。

2. 提升企业经营效益

在现代化生产格局之下，经济的发展进步是由无数个企业聚集起来推动的。

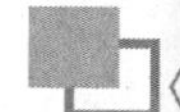

在经济建设发展过程中，要稳健合理地安排商品资金、生产资金、货币资金之间的协调关系，畅通供销渠道、提高生产效率、完善财务机制、引进核心人才、发掘新兴市场。企业要学会合理利用剩余资本，加强对剩余利润的再利用，既能有效提高企业的资源利用效率和经济效益，也能推动社会经济的不断进步。

第二章 冰雪旅游产业的相关概念

第一节　冰雪旅游产业的基础理论

一、冰雪旅游产业的概念界定及特征

（一）冰雪旅游产业的概念界定

1. 产业的概念

产业所指的范围比较宽泛，可以指代行业、部门、工业、不动产业、动产业及实业。产业是一个涉及面广、影响宽泛、比较复杂的概念，从不同的角度研究产业会赋予其不同的定义。广义的产业是指从事国民经济中同种性质的生产及其他经济社会活动的企事业单位、机关团体和个体的总和。狭义的产业是指从事同类经济活动的企事业单位、机关团体和个体的总和。也有学者认为，产业应该是国民经济中承担一定社会功能、从事一定的经济活动，同时有一定的规模和社会影响的组织结构体系。因此，产业要具备三个条件，包括产业构成的规模性、产业构成的职业化、产业构成的社会功能，具备这三点的单元集合体才能称为某种产业。

按照我国的产业分类方法，产业分为第一产业、第二产业和第三产业。将人们生产活动主要取自自然界的初级阶段称为第一产业，包括农业（种植业）、畜

牧业、林业和狩猎业等。将人们对取自自然界的物质资料进行继续加工的生产阶段，称之为第二产业，主要包括采矿业、制造业、建筑业等。将其余所有部门统称为第三产业，主要包括商业、金融及保险业、饮食业、科学教育、文化以及政府公务等各项事业。

2. 冰雪旅游产业的概念

旅游产业属于第三产业的服务业，凭借旅游资源和设施，从事接待游客，为其提供交通、游览、住宿、餐饮、购物、娱乐等环节的综合性行业。狭义的旅游产业指旅行社、旅游饭店、旅游车船公司以及专门从事旅游商品买卖的旅游商业等行业。广义的旅游产业，除包括专门从事旅游业务的行业以外，还包括与旅游相关的各行各业。旅游游览活动作为一种新型的社会消费形式，往往把物质生活消费和文化生活消费有机地结合起来。

冰雪产业包括观赏娱乐和实践体验两大方面。近年来，以实践体验为主要特征的产业部分成为主导部分。冰雪旅游产业是伴随着冰雪旅游活动的兴起而形成与发展的。冰雪旅游产业与国民经济的多数行业和部门有着紧密的联系，是综合性较强的服务性行业，包括吃、住、行、游、购、娱六大类部门，并且涉及金融、保险、印刷、农业、医疗、通信等58类部门。从国内学者的研究成果来看，专门针对冰雪旅游产业内涵的研究还较少，且概念比较模糊。有的学者认为，冰雪旅游属于体育旅游，但把冰雪旅游与体育旅游同等看待是不恰当的，冰雪旅游中有一定的体育运动，但是冰雪旅游不等同于体育旅游。根据经济学的定义标准和国内外学者对旅游产业的定义界定，一般认为，冰雪旅游产业是以冰雪资源为载体，以冰雪文化为重要内涵，冰雪旅游活动与体育健康活动紧密结合的新兴产业，是为旅游者提供旅游活动所需的各种无形产品和有形产品的诸多行业与部门组成的有机整体。它的研究范围包括体育旅游、观光旅游、滑雪度假等项目。其中，冰雪旅游景区、冰雪设备、冰雪景区的管理和服务为核心产业，与冰雪旅游相关的住宿业、交通业、餐饮业、购物行业等均为相关产业。冰雪旅游项目和冰雪旅游景区是冰雪旅游产业的集中体现，是冰雪旅游产业发展的晴雨表。

冰雪旅游是以冬季自然旅游资源（如冰、雪、雾凇等）和寒冷的气候旅游资源及其产生或形成的人文旅游资源为主要吸引力，以冰雪运动、冰雪观赏和冰雪娱乐等活动为主要形式的专项旅游，是集度假旅游、体育旅游、观光旅游、休闲娱乐旅游、文化旅游等于一体的冬季旅游，是一种综合性的旅游形式。也可以说，冰雪旅游是以冰上运动和雪上运动为基本内容，以冰雪天然景观及冰雪艺术景观为观赏主体，以冰雪嬉戏、冰雪娱乐及冰雪艺术作品的参与制作等为扩展，以冰雪建筑、冰雪饮食、冰雪服饰、冰雪民俗等冰雪文化和冰雪节庆为背景的专项旅游。因此，冰雪旅游是体育运动和旅游活动相结合的典范。

（二）冰雪旅游产业的特征

随着旅游者需求增强，冰雪旅游活动日益兴旺，冰雪旅游产业进入了快速发展阶段。从21世纪初开始，政府给予的支持逐渐增多，促进了冰雪旅游产业的平稳发展。

冰雪旅游产业属于旅游产业中的特色产业，它有着与其他产业相区别的特征。

1. 地域性

冰雪旅游产业的地域性非常显著。冰雪旅游资源的形成要受到地理位置的影响，要求气候严寒，适合开发冰雪旅游项目，冬季持续时间较长，可以长期有效地保存冰雪资源。我国东北地区正好拥有这种地域优势，这一地区的冬季降雪量较大，地形非常适合开展户外冰雪旅游活动，交通也较便利。

2. 季节性

冰雪旅游产业具有很强的季节性。获得冰雪旅游资源的季节都在冬季，能全面发展冰雪旅游产业的月份多在11月到次年1月，因此这段时间是开展冰雪旅游产业最佳时期。由于开展冰雪旅游产业的季节性明显，所以发展冰雪旅游产业地区的游客数量和旅游收入也会随着季节的变化呈现波动。我国东北地区的旅游产业发展便显现出如此特性。

3. 关联性

冰雪旅游产业是综合性的产业，要素众多、关联广泛。在冰雪旅游产业的内部包含吃、住、行、游、购、娱六要素，六大要素之间互相联系、相互依赖，互为依存，从而形成了冰雪旅游活动的完整要素体系。同时，冰雪旅游产业与其他相关的行业也存在一定的联系，需要其不断地提供物质和服务。

4. 层次性

冰雪旅游产业有着紧密的结构体系，在横向方面由众多经营水平不同、规模不等的企业或者行业构成，在纵向方面也呈现出明显的层次性。冰雪旅游产业的本质属性首先决定了吃、住、行、游、购、娱六大要素在冰雪旅游产业链的核心层；其次，为旅游者提供服务的其他行业也成为冰雪旅游产业的辅助层；最后，还依赖于法律和政策方面的保障。

5. 可再生性

冰雪旅游产业的核心产品是冰雪资源，从常年的气象统计资料来看，同一地区每年的月平均气温和月降雪量差异不大，其每年能提供的冰雪资源的能力也相差不多。同时，每年为旅游者进行旅游的冰雪资源并非真正地被消耗掉，而是存在可再生性，冰雪融化之后无污染地回归大地，隔年再进行重新收集，为旅游者提供新的旅游产品。但是也要注意环境保护问题，冰雪资源的可再生性问题也会受到环境变化的影响，表现为冬季气温升高、降雪量变少、冰雪融化变早，影响冰雪旅游产业的整体运营。

二、冰雪旅游产业发展的动力机制理论

（一）动力机制理论

“动力”一词最先用于机械方面，主要是指使机械做功的各种作用力，如水力、风力、电力、畜力等。动力机械按其将自然界中不同能量转变为机械能的方式，可分为风力机械、水力机械和热力发动机三类。后来，动力被广泛应用于管理领域和经济领域。“机制”原指机器的工作原理和机器的结构。《辞海》中对“机制”进行了解释，包括机器的工作原理和机器的构造，机器制造的产物，一些产生于复杂工作关系或者自然现象的演变规律，有机体的功能、结构和各个相互影响器官之间的关系。后来，医学和生物学也采用“机制”一词，说明有机体发生病理及生理变化时，器官之间相互作用、相互联系的方式。后来，学者把“机制”一词引入经济学、管理学中，表明系统演化及系统各部分之间的关系及运行规则。

动力机制构成一个动力系统，这个动力系统由无数个“相互交错”“相互冲

突”“相互关联”的动力因子和能量形成统一整体，类似于其他系统，冰雪旅游产业的动力机制推动着冰雪旅游产业向前发展。同时，动力机制有一定的包容性和开放性，随着历史的进步、科学文化和技术的发展、实践活动的深入、自然界的不断“类人化”、社会主体自身潜能的不断发挥，动力机制这一合力系统将增添许多新型的决定主体作用的因素。

（二）旅游产业的动力机制理论

旅游产业发展的动力，也称为旅游产业发展的驱动力，分为内在驱动力和外在驱动力。为了能够深入反映旅游产业的动力机制，我国学者在旅游产业的动力机制方面进行了一定的研究，有学者指出旅游产业动力机制的概念为：在一定的环境下，旅游产业发展要素在推动力的作用下，旅游产业发展动力因子的相互作用和发展方式。

（三）冰雪旅游产业的动力机制理论

通过分析动力、动力机制、旅游产业的动力机制相关概念与理论，有学者提出，冰雪旅游产业的动力机制是驱动冰雪旅游产业产生、发展、提高的各种动力的作用和传导过程，是各种要素发生作用的规律和机理。冰雪旅游产业在发展过程中，与产业有关联的各行业、各部门、各要素相互协调、相互制约，形成推动冰雪旅游产业实现发展的力量结构体系与动力作用程序。

冰雪旅游产业的动力机制是复杂的多因子结构体系，是多种动力因子相互作用的表现载体，每个动力因子都在其中起到最大的动力效应，缺一不可。研究冰雪旅游产业的动力机制，首先要通过查阅大量的国内外文献，明确影响冰雪旅游产业的每个要素，并确定起到动力作用的要素，然后探寻每个动力要素之间的协调互动程序。研究冰雪旅游产业动力机制的目的就是分析动力作用过程，研究动力发展要求，确定动力作用的环境，培育冰雪旅游产业发展的持续动力，优化并促进冰雪旅游产业可持续发展的运行机制。

三、冰雪旅游产业发展的模式理论

（一）冰雪旅游产业发展模式的内涵

发展模式是指在不同的历史条件下，不同国家、不同区域、不同产业所形成

的独特发展方式，强调经过一定时间的实践认知而体现出来的内在规律，是对社会存在和历史经验的综合概括。模式通过从不同具体问题的发展过程中抽象概括而来，综合体现了特定地区的产业结构、经济发展战略和总体发展方式等因素。在我国转变经济发展方式和调整产业结构的大环境下，地区经济更加注重发挥社会主义制度优势同市场经济优势充分结合的双重推动作用。要认识到发展方式、发展战略与发展模式既存在一定的区别，又有一定的联系，不能混淆。

发展战略主要体现在宏观方向、谋划及整体性上，主要的特点是宏观性、全局性、长远性和纲领性，具体手段是战术的实施。发展战略和发展模式不属于同一层次的概念，发展模式更多地体现静态规范样式，形成于发展战略的指导和影响下，并服务于战略目标的实现，但是每个阶段的发展模式的选取要求不能背离该阶段的发展战略。发展模式则体现出中观性、微观性、局部性、阶段性的特点，区域经济发展模式是指地区的经济在不同制度安排下呈现出不同的生产要素组合和空间配置形态，并形成符合区域资源禀赋条件和经济发展水平的个性化特征。发展方式则作用于发展战略和发展模式，体现的是动态途径。

模式是一种发展方式和思路，是在对构成整体的各个因素的全面认识和平衡把握的基础上得到的。结合已有的研究成果及冰雪旅游产业的特点，冰雪旅游产业发展模式，可以定义为在一定的社会经济条件下，国家或者区域冰雪旅游产业在不同阶段下发展的总体方式，包括冰雪旅游产业的发育和演进两方面内容。其中，关于冰雪旅游产业的发育方式是指冰雪旅游产业在特定条件下以何种方式产生和成长。关于冰雪旅游产业的演进方式是指冰雪旅游产业在不同阶段发展过程中，采用何种方式促进冰雪旅游产业向有序或者高度有序方向演进及发展。

（二）冰雪旅游产业发展模式的特征

冰雪旅游产业凭借冰雪资源来发展冰雪旅游，同时也要借助区域经济水平、文化特色、政策支持等方面来加快冰雪旅游产业的发展步伐。总体来说，冰雪旅游产业发展模式具有以下四个方面的特征。

1. 阶段性

冰雪旅游产业由于季候及资源的问题，在形成、发展及成长的过程中均具有一定的周期性，可以说，冰雪旅游产业在发展模式方面也具有阶段性。不同条件下的不同区域在发展冰雪旅游产业模式上是不同的，即使在同一个区域，由于冰雪旅游产业发展条件的不断完善，发展模式也会因不同的发展周期而不同。

2. 指导性

冰雪旅游产业发展模式体现的是一个区域在冰雪旅游发展阶段的总体方式，是对于一定时期内冰雪旅游产业发展战略的高度概括，同时也指明了冰雪旅游产业在总体发展战略的要求及方向，对区域整体冰雪旅游业的发展提供了指导意义。

3. 相对稳定性

虽然说冰雪旅游产业依靠冰雪资源发展旅游业，随着条件的改变会不断地升级换代，会进入下一个阶段，但是冰雪旅游产业发展模式一旦确定，将需要相当长的时间才会进入下一个阶段，因而具有相对稳定性的特点。只要冰雪旅游产业的内部条件和外部环境不发生根本性的改变，冰雪旅游产业发展模式原则上就不会随意改变。

4. 特指性

冰雪旅游产业发展模式是针对某一特定区域在特殊环境下形成的，如我国的东北地区相对于其他地区，具有独特的冰雪资源，是其他很多地方无法比拟的。因此可以说，冰雪旅游产业的发展模式并不存在好坏之分，而是合适与否的问题。

第二节　冰雪旅游产业发展的动力系统

一、冰雪旅游产业动力系统构建的自组织原理

旅游产业发展的动力系统是指推动旅游产业发展所需要的动力产生的机理，以及改善和维持机理的各种经济关系、组织制度等构成的综合系统。旅游产业系统非常复杂，不仅包括错综复杂的内部联系，还包括模糊性、随机性等不确定因素。对于这种比较复杂的系统需要化繁为简，寻找其中重要的规律和环节，探

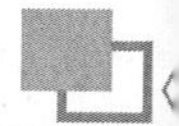

索出复杂现象背后的精髓。冰雪旅游产业的发展模式需要以动力系统的研究为基础，而动力系统的构建需要掌握构建的功能和基本原理，按照这些功能和原理去构建冰雪旅游产业动力系统模型。

自组织是指一个系统若在获得时间、空间、功能的结构过程中，不涉及外界的影响，则称为该系统是自组织的。冰雪旅游产业动力系统的构建是一个自组织的系统，在其从无序结构向有序化发展的过程中，动力系统的结构和功能不会受到外界的支配。在资源优势非常明显的区域，冰雪旅游业能够发展的核心是依靠冰雪旅游资源，充分调动旅游者对于冰雪旅游的热爱和兴趣。此时，各类旅游企业围绕特色旅游资源形成旅游组织，虽然整个冰雪旅游业的发展是在政府干预下被组织起来的，但是经过一定的调节和发展，已经改变为以自组织方式运行，因此可以说，目前冰雪旅游业在市场经济的条件下是自组织的，而这种自组织需要的是本土资源特色鲜明。

（一）冰雪旅游产业动力系统是开放的系统

冰雪旅游产业的动力系统是开放的系统。熵增原理提出，孤立系统中的熵不会减少，总是增大或者不变。冰雪旅游产业在系统环境中进行能量、物质和信息的交换，产生一定的负熵流，总熵减少，动力机制系统进入有序的耗散结构状态。例如，冰雪旅游资源动力子系统是动力机制系统中重要的动力要素，没有初始的冰雪资源，就无法形成更为有用的冰雪资源及冰雪活动。在冰雪旅游产业发展的过程中，提升冰雪旅游资源条件的途径有两个：一是内部产生动力机制系统，即通过政策支持和人力资源条件等发展冰雪旅游资源；二是冰雪旅游业动力机制系统与外部环境之间的影响，系统从环境中进行学习引入负熵流，来抵消动力机制系统内上升的熵值。

（二）冰雪旅游产业动力系统远离平衡态

最小熵产生原理指出，在非平衡线性区，即近平衡区，系统演化的最终结果是达到与平衡态类似的、熵产生最小的非平衡定态，而且当环境使系统逐渐接近孤立系统时，非平衡定态将平滑地转变到平衡态。热力学第二定律也指出，在近平衡区系统也不会产生有序结构。所以，耗散结构理论认为，当系统越出非平衡线性区，处于远离平衡态的区域时，才能演化为有序状态。对于冰雪旅游产业动力机制系统而言，冰雪旅游业动力机制系统的开放性、动力与环境要素的交流，就说明它是动态的系统，处于非平衡状态。但是，仅仅达到非平衡状态还不够，系统还要越出非平衡线性区，处于远离平衡态区域，才能演化为有序状态。

（三）冰雪旅游产业动力系统存在涨落

涨落，又称起伏，是系统某一瞬间或某一局部的测量值与统计平均值的偏差。当系统远离平衡态，涨落被放大形成巨涨落，会推动系统跃变为耗散结构。因此说，涨落是耗散结构出现的“触发器”，这就是“涨落导致有序”。其中，系统内部因素引起的涨落称为内涨落，系统外部环境因素引起的涨落称为外涨落。发展动力和环境要素都会引起冰雪旅游产业动力机制系统的涨落，如政策支持动力子系统、社会文化动力子系统的变化会引起冰雪旅游产业动力机制系统的内涨落，宏观经济环境、产业制度环境等环境要素的变化会引起冰雪旅游产业动力机制系统的外涨落。

二、冰雪旅游产业动力系统的特性与功能

（一）冰雪旅游产业动力系统的特性

旅游产业是具有带动性强劲和关联性广泛的朝阳产业，其系统性特征表现为旅游系统构成要素广泛性、旅游活动多样性、旅游业构成要素系统性和复杂性。冰雪旅游产业发展动力系统作为整体体现特定的功能和目的，动力系统发展必须适应环境变化。冰雪旅游产业发展动力系统间的实体关系比较复杂，使冰雪旅游产业的发展状态呈现异常复杂的特征。根据复杂适应理论，冰雪旅游产业发展动力系统具有主体的适应性，主体与环境及其他主体进行相互作用，并在此过程中积累经验来改变行为方式和自身结构，从而导致动力系统的进化及运行。因此，冰雪旅游产业发展的动力系统表现出主体适应性、高阶次性、多重反馈性、非线性、复杂性等特征。

1. 主体适应性

系统的主体适应性是指个体与其他个体在相互作用中表现出由于信息不同而对自身结构和方式进行不同的调整，是系统生存和发展的前提。复杂适应系统理论阐述了系统主体具有特定目标、生存动力和内部结构的论点。冰雪旅游产业

发展动力系统的行为主体基于不同的利益驱动，在各自行为决策过程中产生适应性，并能够适应经济子系统、文化子系统、自然环境子系统以及系统外部环境的各种变化，从而为动力系统的演进和运行奠定基础。

2. 高阶次性

冰雪旅游产业在发展过程中，经历着萌芽、兴起、发展等不同的阶段，不断受到政府政策、经济、文化、社会、自然环境的作用和影响，冰雪旅游产业发展的动力系统的各个子系统具有多种状态，并通过各种状态变量和辅助变量来描述。例如，将动力系统的状态看作1阶，则动力系统的n种状态可以表示为动力系统具有n阶，因此，动力系统模型可以用n阶微分或者差分方程进行描述。

3. 多重反馈性

动力系统中任何一个动力因素的变化都会导致整个系统的变化，同时，系统内部存在一定的反馈机制，受到反馈机制的约束和影响，动力系统的特点和模式取决于内部的动态结构和反馈机制。反馈可分为正反馈和负反馈。当动力系统中任一要素发生变化，反馈环节的各个环节发生连锁反应、发生变化趋势的反馈为正反馈；反之，动力系统中任一要素发生变化引起连锁反应减弱其变化并趋于稳定，这种反馈称为负反馈。冰雪旅游产业发展动力系统中任一子系统因素之间的因果关系比较复杂，存在“多果一因”和“一因多果”，每个子系统因素间的因果键构成因果关系网络，为动力系统的演化和运行提供驱动力。

4. 非线性

非线性相互作用是复杂系统中要素间存在的相互作用方式，由于描述这种相互作用的方程是非线性微分方程，所以又称为非线性相互作用。由于线性相互作用是数量上可叠加的相互作用，具有独立性、均匀性和对称性，其相互作用的结果，只能是数量上的叠加，不可能产生质的变化。因此，线性相互作用使系统偏离定态后，要么逐渐回归均匀定态，要么无限发散下去，不可能出现有序演化行为。而非线性相互作用则不同，由于它具有不独立的相干性、时空的不均匀性和多体的不对称性等特点，所以它不是简单地进行数量叠加，而是随着时间、地点和条件的不同，呈现出不同的相互作用方式和不同的效应，形成作用对象之间支配与从属、催化与被催化、控制与反馈等复杂的多维关系。冰雪旅游产业动力系统的非线性相互作用和反馈无处不在，产业发展中的资源、人才、技术、政策、信息等要素为冰雪旅游产业的发展提供必要的保障。冰雪旅游产业的发展为经济的繁荣、财政和区域发展作出重要贡献，同时，国家、区域经济和政策又对冰雪旅游产业的发展提供良好的动力条件和外部环境，从而在发展动力、系统环境之间形成相互作用、相互影响的非线性反馈循环机制。

5. 复杂性

动力系统主体的适应性造成系统模式间的复杂性，动力系统行为的非线性导致状态多样性。冰雪旅游产业的发展受到区域性影响较多，具有比较复杂的规律和特点。冰雪旅游产业发展动力系统的演进和运行是由不同的动力和主体推动的，每个动力子系统及各个要素有运行环境、预测环境变化的功能，并能够适应环境变化而不断调整，进而推动冰雪旅游产业发展。

（二）冰雪旅游产业动力系统的功能

功能是指特定结构的事物或系统在内部和外部的联系中表现出来的特性，由结构决定并依赖于结构，即结构决定功能。通过动力系统中的各个要素之间的相互作用，动力系统与外部环境作用产生能力和功效，即动力系统功能取决于系统自身及环境的影响。冰雪旅游产业发展的动力也是通过冰雪旅游产业发展的动力系统的功能发挥来实现的。通过动力系统的基本结构和因素分析，冰雪旅游产业发展的动力系统能够促进冰雪旅游产业发展的合力形成，保证冰雪旅游产业发展动力的持续性，促进冰雪旅游产业要素的优化组合，提高冰雪旅游产业发展的实力。

1. 促进冰雪旅游产业发展形成合力

冰雪旅游产业发展的动力系统是一个巨大的复杂系统，包含的动力因素比较多，动力因子产生一定的推动力，但是也会产生阻碍力，当推动力大于阻碍力，形成正向的力量，便会推动着冰雪旅游产业系统向前发展；当推动力小于阻碍力，则会形成负向的力量，进而阻碍冰雪旅游产业向前发展，导致整个体系处于停滞或衰落状态；两种情况都会形成反馈信息并返回到系统内部，促进系统优化。影响和制约冰雪旅游产业发展的动力因素有的是正向的作用，有的却是反向的作用，冰雪旅游产业动力系统的构建有助于将各方力量整合成合力，从而促进冰雪旅游产业快速发展。

2. 保证冰雪旅游产业的发展动力具有持续性

冰雪旅游产业发展动力的短期性与变化使得冰雪旅游产业的发展处于动力不足的状况，冰雪旅游产业动力系统的构建和运行能保证冰雪旅游产业的发展具有持续的动力。例如，冰雪旅游资源比较丰富，但是只有冰雪产品还是不够的，需要文化的融入、基础设施的完善，才能让动力系统运转起来，促进动力的可持续性。

3. 促进冰雪旅游产业发展要素的优化组合

冰雪旅游产业动力系统的构建和运行可以促进冰雪旅游产业各个相关要素，如食、住、行、游、购、娱等要素的组合，并在动力作用之中得到优化。动力系统的整体运行需要各要素均发挥作用，缺一不可。

4. 提高冰雪旅游产业发展的实力

旅游者参与冰雪旅游，要有便利的交通、舒适的住宿条件、适宜的旅游环境，这些都是提高冰雪旅游产业发展实力的基本条件。

三、冰雪旅游产业发展动力系统结构

（一）冰雪旅游业动力系统的构建原则

根据冰雪旅游业发展动力系统的基本功能和特性，构建冰雪旅游业动力系统模型。构建模型的原则包括综合性、目的性、相关性、选择性和开放性。

1. 综合性

冰雪旅游业的动力要素之间相互联系、相互制约，形成一个有机的整体。动力系统的形成和运行要以各个动力要素的作用为基础，动力要素之间的整体协调促进各个动力要素的功能发挥。动力系统不是简单地由动力因素的性质堆积而成，也不能从各个动力因素的性质中推导出来。同时，动力因素与各生产因素相结合，动力子系统相互作用、相互影响，形成有机整体。冰雪旅游业发展动力系统中每个子系统功能的发挥依赖于系统中各因素的整体协调，而整个动力系统的形成和运行以动力子系统的功能为基础，最终体现出动力系统的综合性。

2. 目的性

构建冰雪旅游业发展动力系统的目的是通过动力系统的作用和动力要素的联系，产生强大的动力，推动冰雪旅游业的发展。为了实现这一目的，动力系统内部的动力要素必须协调一致，共同发展。

3. 相关性

冰雪旅游业发展动力因素相互作用、相互影响、相互依赖。动力系统中任何一个部分发生变化，都会引发系统中其他部分的变化，同时变化的联系会形成功能放大的现象。动力因素之间的关联互动性促进动力因素形成相应特点，进而推动冰雪旅游活动的开展。

4. 选择性

冰雪旅游业发展是多方面的内部因素和外部因素共同促进的结果，不能把冰雪旅游业内外部的各种因素等于产业发展的动力因素，只有让冰雪旅游业对内外部因素有了理性的鉴别和认识并加以选择后，才能转化为冰雪旅游业的动力因素。

5. 开放性

冰雪旅游业发展的动力因素构成各个相对独立的子系统，这些子系统相互联系后形成完整的动力系统。各子系统之间并非封闭而是开放的，系统间进行物质、信息、能量的交换，并且是个持续的过程。外部因素是冰雪旅游业发展的条件，内部因素是产业发展的依据，外部因素通过内部因素而起作用，因而冰雪旅游业的外部因素对冰雪旅游业的发展起到很重要的作用，但是作为外部因素，需要转变为内部因素才能实现动力的真正效果。

（二）冰雪旅游业动力系统结构模型

有学者根据对国内外冰雪旅游模式的分析，提出冰雪旅游业模式包括资源驱动型模式、经济高效型模式、文化兼顾型模式和环境保护型模式，从而指出冰雪旅游业动力系统结构模型是由资源子系统、经济子系统、文化子系统、环境子系统四个子系统构成的理论框架，每个子系统都由相互联系、相互影响的要素组成，四个动力子系统之间相互作用。系统内部的要素和要素之间、要素和系统之间、系统与环境之间产生错综复杂的关系，从而对冰雪旅游业发展产生推动作用。

冰雪旅游业发展动力系统是由资源子系统、经济子系统、文化子系统、环境子系统四个不同属性的动力子系统相互作用而构成的具有特定功能和结构的开放的复杂系统。从区域系统论的观点来看，冰雪旅游业发展动力系统是经济发展系统的子系统，要通过发展环境的总体分析，深入研究供给需求的关系，提出资源条件、经济条件、文化条件和生态环境的动力结构，促进冰雪旅游业的系统优化配置，实现冰雪旅游资源的可持续发展，从而产生经济效益、文化效益和生态效益，促进冰雪旅游业的可持续发展以及旅游业的可持续发展。

1. 动力子系统的关联性

冰雪旅游业动力系统由冰雪旅游资源、冰雪旅游经济、冰雪旅游文化、冰雪旅游环境四个子系统组成。这四个子系统执行自己的职能和作用，但是相互之间又有着相互影响和联系。通过每个子系统的作用并结合冰雪旅游业发展的表现和特点，可以构建冰雪旅游业动力系统的关联性模型。

在冰雪旅游业动力系统的关联性模型中，这四个动力子系统相互联系、相互作用、相互影响。冰雪旅游资源促进经济的发展，提高冰雪旅游文化水平，保护冰雪旅游环境；经济文化水平的提高，也会丰富冰雪旅游资源，从而保护生态环境；同样，区域的生态环境良好，对地方的形象非常有帮助，也会吸引旅游者参与到冰雪旅游中，对冰雪旅游经济和文化起到促进作用。其中，冰雪旅游资源动力子系统是基础，对冰雪旅游业发展起到推动作用；冰雪旅游经济动力子系统、冰雪旅游文化动力子系统、冰雪旅游环境动力子系统是条件，对冰雪旅游业发展起到拉动作用。

在冰雪旅游业发展过程中，各大动力系统起到不同的作用，而各大动力系统有不同的指标来表示，每个指标的权重和作用也不尽相同。因此在计算不同的区域冰雪旅游业发展中，由于数据存在差异性，各因素所起的作用也不相同，主要因素和潜在因素也不尽相同，在测算的过程中，可以运用灰色关联分析的方法，进行最终计算。灰色系统理论的实质正是通过寻找各系统之间的主要关系，确定影响目标值的重要因素，从而快速、高效地促进各系统协调发展。其中，两个系统之间随时间变化的关联性大小的度量称为关联度，可以清晰地表述出系统中因素相对变化的情况，只有弄明白系统及要素之间的这种关联关系，才能系统地认清，哪些是干预因素，哪些是潜在因素，哪些是优势，哪些是劣势。根据灰色系统理论的特点，运用灰色关联方法来分析自然环境、社会经济、冰雪资源、服务设施、社会文化、人力资源、政府支持和需求各动力系统的关联性，同时了解各个动力子系统中其关键的决定性因素有哪些。

2. 动力系统结构模型的构建

冰雪旅游业的动力系统是一个复杂的体系，从系统论的观点来看，动力系统是非线性、动态、高阶且具有多重反馈、结构复杂的动态反馈性系统。动力系统模型中的四个动力子系统既相互区别又相互联系、既相互渗透又相互支持、相互融合，共同构成一个非线性的、动态的冰雪旅游业发展动力系统模型。根据动力系统的思路和原则，在借鉴已经研究旅游业动力系统的相关模型基础上，依据冰雪旅游业可持续发展动力系统概念模型要素和结构，综合考虑数据的可得性和模型的实用性，对冰雪旅游业发展指标体系进行反复分析和推敲，设计了冰雪旅游业发展动力系统的模型框架。模型中包括产业发展的主体、内生支持动力和外生促进动力，结合环境要素，形成具有特定功能的有机整体。至此，内生支持动力决定了冰雪旅游业的发展基础和发展方向，外生促进动力决定冰雪旅游业发展空间的大小和发展速度的快慢。通过内外动力促进冰雪旅游业主体的联合发展。

本书在构建冰雪旅游业发展动力系统结构模型时，把动力系统划分为内生支持动力系统和外生促进动力系统。内生支持动力系统是冰雪旅游业发展中体现的一种内在力量，表现为资源拉动，由冰雪旅游人力条件、冰雪旅游服务设施条件和冰雪旅游人力资源组成；外生促进动力系统是冰雪旅游业发展中体现的一种外在力量，表现为经济、文化和环境的推动，由冰雪旅游需求条件、冰雪旅游经济条件、冰雪旅游文化条件、冰雪旅游政府支持、冰雪旅游环境条件组成。两种力量相辅相成、互相融合，促进动力系统顺利发展。

在发展冰雪旅游业过程中，涉及食、住、行、游、娱、购六大方面，冰雪旅游企业、行业进行良性互动，六大领域均衡发展促进规模经济效益产生良好的效果。冰雪旅游企业只有共同生存和发展，才能保证旅游产业链的延续和发展，才能促进冰雪旅游企业在发展中得以协同进化。同时，冰雪旅游企业的规模化和市场化行为，能够提高旅游者对冰雪旅游的兴趣，进而促进冰雪旅游的发展，因此可以说冰雪旅游企业是冰雪旅游业发展的重要载体。冰雪旅游资源经过产品生产、市场营销、创意策划、形象宣传等方式体现出其自身价值，必然离不开冰

雪旅游企业的整体运作。依靠冰雪旅游景区、推广策划、咨询评估、行业协会、市场调研、新闻媒介等机构，把冰雪旅游产品和服务的价值转化为旅游消费。冰雪旅游企业是冰雪旅游业发展的决定性力量。冰雪旅游产业在发挥作用的同时，还需要建立规范的企业管理制度和规章，形成一批有实力、有活力的旅游企业，在产业发展中形成共生协作的战略，成为冰雪旅游业持续快速健康发展的内生动力。

3. 内生支持动力系统

内生支持动力系统表现为资源动力子系统，而资源动力子系统由冰雪旅游资源条件、人力资源条件和冰雪旅游服务设施条件得以凸显。

（1）冰雪旅游资源是冰雪旅游业发展的核心动力。由于独特的气候条件，产生天然冰雪资源，同时再加上后天的技术水平，促进冰雪旅游资源形成种类多、形式多、层次多的资源。对于现有冰雪旅游资源的利用，提高冰雪旅游资源的价值实现，要依靠个人和艺术团体的作用以及冰雪旅游企业、政府的支持。例如，冰雪旅游资源具有丰富的文化内涵，包含冰雪节庆文化、冰雪交通文化、冰雪艺术、冰雪饮食文化、冰雪娱乐休闲文化、冰雪科技文化等，这些具有文化价值的冰雪旅游资源依靠冰雪旅游企业的组织，同时还要依靠旅游从业人员的技术水平，充分满足旅游者对于冰雪的追求及需求，成为冰雪旅游业发展的直接动力。对于各种社会习惯、风俗事务、民俗文化、冰雪活动等冰雪旅游资源，更需要进一步完善和提高。

冰雪旅游资源的形成来自很多方面，包括市场的需求，区域和地方的有效推动，集结了冰雪旅游集散地、交通、住宿、设施等内容的冰雪旅游基础设施，共同保障冰雪旅游的顺利实施，促进冰雪旅游业的发展。然而冰雪旅游资源也是稀缺的，随着冰雪旅游活动的增多，冰雪旅游资源的大量使用，冰雪旅游资源要逐渐减少和耗尽，因此，保证冰雪旅游资源的持续有效性是一个值得关注的问题。

（2）人力资源是冰雪旅游业发展的拉动力量。有了充分的人才储备，冰雪旅游资源的真正价值才能得以体现，旅游者和旅游企业才能真正地进行沟通。冰雪旅游人才包括以下几类。①管理型人才。传统的管理型人才是从传统的雪雕、冰雕、冰灯游园会等主办单位内部而来，然而在长期的发展中，冰雪旅游由单纯的景区发展到产业，对这类管理人才的要求也更高了，他们应具备冰雪旅游产品的开发、冰雪旅游经济运作、掌握市场商机的能力，能够进行冰雪景区开发、组织和策划工作，是冰雪旅游业发展中不可或缺的专业管理人才。②建筑类和艺术类人才。冰雪旅游具备浓厚的艺术氛围，因此需要建筑类和艺术类人才来打造有特色的旅游景区。艺术类人才要擅长传统艺术，能够对作品进行进一步加工，是冰雪景区的雕琢者和设计者。建筑类人才能够建造吸引旅游者的冰雕和冰建筑，塑造冰的世界。而且，艺术人才和建筑人才的相互配合，能够在冰雪旅游业的发展中起到不可估量的作用。例如，新疆维吾尔自治区丝绸之路国际滑雪场是中国西北最为壮观的冰雪世界，令人惊叹的冰城堡、雪雕，都是专业人才心血的结晶。③其他类型的技术人才。以冰雪旅游业中的滑雪为例，滑雪设备的技术含量高，索道、压雪机和造雪机的维修、管理、更新需要大量的专业技术人员和维修人员；同时，为了提供安全方面的保障，需要有专业的教练指导等，这些均需要专业人才的参与。人力资源在冰雪旅游业的发展中起到关键性的作用，每类人才均有自己的职责，在产业的发展链条上起到不同的作用。如果这些人才没有发挥相应的作用或者失去工作的主动性和积极性，冰雪旅游业的发展则相对停滞或者缓慢，整体或局部就会在失控的状态下陷入无序，最终导致瘫痪。

（3）服务设施是冰雪旅游业发展的竞争动力。要促进冰雪旅游业发展，只有冰雪旅游资源是远远不够的，基础设施和配套设施也要达到标准。先进的冰雪旅游设施为旅游流量提供条件。冰雪旅游景区基础设施不完善，旅游设施不配套，档次不高，都会影响冰雪旅游业的发展。随着冰雪旅游业的发展，旅游者对基础设施建设、功能、人性化和便利性都提出越来越高的要求。冰雪旅游基础设施如果落后，则无法更好地接待游客，无法满足旅游者需求，同时也会影响冰雪旅游业的可持续发展。以滑雪场为例，如果要满足滑雪旅游者的需求，就要为他们提供周到舒适的服务，建设不同消费层次的接待设备，包括餐饮、娱乐、住宿、购物等方面。

4. 外生促进动力系统

（1）市场需求是冰雪旅游业发展的驱动力。市场需求是冰雪旅游业发展的重要外部因素，冰雪旅游企业是冰雪旅游业发展的核心，消费者对产品的需求决定了冰雪旅游企业的生存环境。由于冰雪旅游具有较强的参与性和体验性，促进了旅游者对冰雪旅游的兴趣，也提高了冰雪旅游的消费能力。例如，滑雪运动是冰雪旅游的重要组成部分，旅游者通过滑雪运动可以锻炼身体、增进健康，对于长期居住和工作在城市里的人们，通过滑雪运动来调节工作压力，有助于摆脱生活的单调与烦恼。在得天独厚的冰雪环境中锻炼身体，既增强了人们的御寒能力，又可达到放松心情、调节生理和健身休闲的目的。正因如此，市场对冰雪旅游的需求逐渐增强，新疆依托丰富的冰雪资源，加快发展冰雪旅游硬件设施、旅游产品开发、旅游市场推广等工作，吸引了越来越多的游客。挖掘冰雪旅游产业潜力，新疆将继续在差异性、多样性、互补性等方面发力，努力打造中国西部冰雪旅游胜地。提起冰雪旅游，人们大多数会想到东北，想到哈尔滨、长春等传统的冰雪旅游目的地。然而，近年来，冰雪资源同样丰富的新疆，其冰雪旅游产业开始悄然兴起。与东北地区以及北京、河北等“冰雪旅游版图”相呼应，我国最西部省区正在伸展冰雪旅游的“另一翼”，国内冰雪旅游产业“两翼齐飞”的格局越发清晰。

（2）政府对冰雪旅游业发展的支持力和监管力。政府的支持对于冰雪旅游业的发展起到很重要的作用，很多区域在旅游发展规划中把发展冰雪旅游业作为战略重心。长久以来，政府在冰雪旅游业的发展中充当管理者和经营者的角色，导致政府和冰雪旅游企业之间存在责权利的关系不清问题。政府的干预性过强，没有充分体现冰雪旅游企业的主体核心作用。因此要发挥政府的支持作用，需要政府转变角色，把主要精力转向定政策、定规划、抓监管的支持方面，扩大冰雪旅游企业的自主权。近年来，冰雪旅游业的发展和政府的支持日渐明显，政府通过“服务、咨询、监督、调控”等手段，把主要的经营自主权下放到冰雪旅游企业，对旅游市场进行规范和管理，进一步促进冰雪旅游业的发展。

目前，区域政府对于冰雪旅游业日渐关注，对于冰雪旅游业发展的支持政策和管理手段也比较成熟，通过创建冰雪旅游业的创新网络、培植优秀的企业家队伍、稳定冰雪旅游社会环境等方式来支持冰雪旅游业的发展。另外，在冰雪旅游的宣传方面，政府是主体，通过大量的媒介和载体宣传区域冰雪旅游特色。关于新疆的冬春旅游主题活动之“绚丽冰雪风光之旅”，政府在其中起到了关键的作用，同时宣传效果也非常有效，对于促进旅游者了解区域的冰雪旅游起到了直接作用。除此之外，政府对冰雪旅游业的支持力还包括对冰雪旅游环境保护、对区域工业污染治理和冰雪基础设施投资等。

（3）社会经济和文化是冰雪旅游业发展的推动力。经济和文化属于冰雪旅游业发展的外部环境，同时，经济、文化与冰雪旅游相互联系，相互作用。冰雪旅游业在发展过程中呈现的是经济活动，可以促进区域经济发展，而这种经济活动也呈现出文化活动，社会文化是社会经济与冰雪旅游的精神和灵魂。冰雪旅游属于独特的旅游方式，独特的方式吸引众多的旅游者参与其中。冰雪旅游的发展带动了滑雪场、旅行社、农家乐、雪具、航空等多个行业的发展。因此，社会经济文化和冰雪旅游业发展是循环的过程，在社会经济文化发展的同时，冰雪旅游业得以发展；反之，冰雪旅游业的发展会促进社会经济文化的提升。

（4）自然环境是冰雪旅游业发展的约束力。自然环境可持续发展是实现产业发展的重要方面，自然环境问题的本质就是发展问题，要实现人类和环境的协调发展，就要在保护自然环境的同时不断发展产业。冰雪旅游业的发展同样需要密切关注自然环境。自然环境的数量和质量对人类产生根本影响，决定人们的生活方式和生产方式，也会影响人类的社会、经济、文化等各方面。同样，人类在进行各种生产和生活方式时，也会严重影响自然环境的平衡，引起自然环境质量的下降。冰雪旅游业在发展过程中，不能独立于自然环境而存在，自然环境质量高会促进冰雪旅游业发展，冰雪旅游业发展要注意保护自然环境质量，因此冰雪旅游业在发展过程中要有一个明确的界限，要注意到自然环境的承载力问题，对于冰雪旅游业的接待人数要有限制，防止自然环境遭到破坏。

四、冰雪旅游业发展动力系统的运行机制

（一）冰雪旅游业动力因素识别

1. 冰雪旅游业动力因素识别依据

本书对冰雪旅游业的动力因素进行全面分析，并进行了分解和综合，简化冰雪旅游业之间的复杂关系，明确冰雪旅游业之间的主要动力因素：包括冰雪旅游自然环境层面、冰雪旅游社会经济层面、冰雪旅游资源层面、冰雪旅游服务设施层面、冰雪旅游社会文化层面、冰雪旅游人力资源层面、冰雪旅游政府支持层面、冰雪旅游需求层面。此外，对冰雪旅游业的动力因素进行了深入调查分析，结合地域性特点，提出冰雪旅游业的冰雪旅游资源条件、冰雪旅游服务设施、冰

雪旅游文化基础等一系列动力因素。

首先，明确动力要素要充分考虑冰雪旅游业的自然地理和社会发展因素，必须与冰雪旅游业的从业人员素质、自然条件、人文环境等社会影响因素紧密结合，从而确定的动力要素既有代表性，又与区域发展冰雪旅游业实际符合。

其次，确定动力要素要以冰雪资源和环境为前提条件，注重冰雪资源和环境的保护，力求动力要素针对性强。冬季冰雪旅游资源丰富，特色鲜明，在选取动力因素时要突出冰雪旅游业的资源利用率和环境保护等指标。

最后，确定动力要素以经济环境为基础，只有社会环境、文化环境、生态环境全面发展，才能够推动冰雪旅游业可持续发展。某些区域因特殊的地理区位、资源和环境条件，具备发展冰雪旅游业的先决条件。但是由于旅游专业人才素质和管理水平不高，配套设施简单且缺乏规模，建设资金短缺，因此在选择动力要素中要立足现有经济条件，冰雪旅游规模、冰雪旅游业与其他行业的关联等也应将其列为重要因素。

2. 冰雪旅游业动力研究方向

区域旅游产业的动力要素不仅是学术界关注的热点，也是地方政府和旅游管理部门关注的焦点，因此，确定冰雪旅游业发展的动力因素显得十分重要，给冰雪旅游业实现可持续发展提供重要的理论意义和实践指导价值。借鉴和学习国内外学者的研究成果，查找了大量关于冰雪旅游业方面的文献，从供给和需求的视角出发，按照内生动力和外生动力的分类原则，最终确定把影响冰雪旅游业发展的最直接、最关键、最重要的八个层面作为研究方向，包括冰雪旅游资源层面、冰雪旅游服务设施层面、冰雪旅游人力资源层面、冰雪旅游经济层面、冰雪旅游文化层面、冰雪旅游政府支持层面、冰雪旅游需求层面、冰雪旅游自然环境层面。

（1）冰雪旅游资源层面。旅游资源是旅游业发展的前提，是旅游业的基础。目前对旅游资源的定义还没有完全一致，根据文化和旅游部及中国科学院给出的定义，指出凡能激发旅游者的旅游动机，为旅游业所利用，并由此产生经济效益与社会效益的现象和事物均称为旅游资源。我国进行评定的旅游资源类型包括自然与文化遗产、风景名胜区、历史文化名城、森林公园、自然保护区、文物保护、地质公园和5A级景区等方面。

由于冰雪旅游业的发展建立在冰雪天然资源的基础之上，所以冰雪旅游的实施也是以冰雪景观、冰雪活动为背景和依托。冰雪天然资源是冰雪旅游业的基础，是冰雪旅游的载体，是冰雪旅游业经营工作的出发点和落脚点。冰雪旅游业运营的主要目的是对冰雪资源进行合理、科学的管理及使用，使之能够可持续发展，最大限度地实现社会效益、经济效益、文化效益和生态效益。例如，新疆维吾尔自治区凭借良好的自然环境，具有特色的冰雪旅游资源，成为我国冰雪旅游的代表性地区。整个区域开发冰雪旅游资源状态较好，旅游项目类型多种多样，冰雪文化、冰雪艺术和冰雪民俗相结合，更多领略新疆不同的自然风光、民族风情，在发展冰雪旅游的过程中，新疆旅游产品开发需要更加注重丰富性、多样性，以期达到更好地吸引内地游客的目的。

新疆最有优势的是民族风情和文化，其中有阿勒泰这样的“人类滑雪起源地”的冰雪文化积淀，更多的还是各少数民族独具特色的民俗、文化，经过多年的努力，新疆已初步形成了以西域特色、厚重文化、多彩民俗、赏冰滑雪为组合的冬季旅游特色产品，新疆冰雪风情游已有相当大的影响力。各地也在积极地对各类旅游资源进行综合开发，将冰雪、展览、民俗、文化多种特色叠加在一起，将丝绸之路、民俗风情这些游客向往的旅游资源进行“浓缩”，打造出具有强势特色的产品，吸引更多的内地游客。阿勒泰已将“古老滑雪”、雪中民俗风情表演等打造成旅游产品，深受国内外游客欢迎；吐鲁番、巴州、阿克苏、喀什、克州、和田等地州，虽然冬季的冰雪资源不如北疆各地，但都根据自己的实际情况，力推文化、民族风情以及冬季充足的阳光，也大大丰富了新疆冰雪旅游的内容，让来到新疆的国内外游客有了更多的选择。与此同时，各省积极承办冬运会、亚运会、大冬会等多项国内外赛事。目前已经开发的冰雪旅游产品系列包括体育休闲类、节庆类、观光类、赛事类、民俗游乐类等，树立了鲜明的冰雪旅游品牌形象。

（2）冰雪旅游服务设施层面。旅游服务设施指旅游经营者向旅游者提供进行旅游服务的媒介物，包括旅游者旅游需要住宿、餐饮、旅游交通、旅行代理、旅游购物和旅游信息咨询等方面的旅游服务设施。服务设施的投资建设能够直接提高旅游产业的效益水平，满足游客对旅游的多样化需求，提高游客的满意度。服务设施的水平越高，越能够体现出旅游业的发展水平和速度。

冰雪旅游业在发展过程中，要充分把握旅游市场需求变化趋势，不断调整完善相关建设与服务，推出多项旅游活动和旅游线路，滑雪场、雪道、冰雪娱乐设备、相关设施与之配套，提升旅游接待能力和服务能力。植入浓郁的民俗风情，成为冰雪旅游的显著特色。

（3）冰雪旅游人力资源层面。人力资源对产业的影响是非常大的、从产业的生产、研发、营销到管理等各方面无处不在。产业拥有的人力资源越强大，发展速度越快，因此提高人力资源的素质是产业发展的重要途径之一。从宏观方面来讲，人力资源是在社会系统的发展过程中，为了达到某种目标而进行努力的人们能力的总和。从微观方面来讲，人力资源指特定社会组织中，为了达到组织的目标，能够推动组织向着可持续发展的成员能力的总和。人力资源对于任何一个组织或者企业都是至关重要的，人力资源丰富程度会影响组织的发展速度，旅游产业的发展也是如此。

（4）冰雪旅游经济层面。社会经济环境是指某个区域的经济发展水平、劳动力结构、产业结构、社会经济制度以及人们的消费水平、资源状况、消费结构等情况。社会经济环境涉及国家、市场、社会、自然等多个领域，包括经济要素的水平、性质、结构、变动趋势等方面的内容。良好的社会经济条件能够促进旅游业的发展，旅游业的发展也可以改善旅游业的状况。冰雪旅游业给旅游目的地带来了巨大的经济效益，提升了旅游收入和旅游水平，进而加快了当地的经济增长。

（5）冰雪旅游文化层面。社会生产力和社会文化发展到一定程度时，新的文化形态就会产生、发展和不断完善。旅游业在经济领域的地位越高，对文化的影响就会越明显。旅游文化伴随着旅游者的旅游行为而产生，满足旅游者多样化的需求，景观活动的趣味性、旅游内容的丰富性，都会导致旅游业必须产生适合自身的文化形态。比较传统的旅游文化指旅游者和旅游景观文化，现代旅游文化必须进行旅游业的文化传播，进行旅游文化的建设。

冰雪旅游文化是指在自然和社会发展过程中，形成以冰雪和气候旅游资源为依托的旅游目的地的生活方式系统，旅游者借助这种生活方式系统，通过旅游活动而产生的旅游文化现象总和。旅游者在冰雪旅游过程中，玩雪橇、马拉爬犁、冰陀螺、狩猎、滑雪等，特有的冰糖葫芦、大年糕、大雪糕，当地人的热情，都能让旅游者感受到浓郁的冰雪文化。同时，在冰雪旅游业发展过程中，冰雪文化也会带动社会文化，与社会文化进行更好融合，体现地方特色。

（6）冰雪旅游政府支持层面。产业管理是指对产业进行规划、组织、协调、沟通、控制的管理过程，目的是实现产业的发展和国家调控形成一致性，设计并保持良好的环境。产业管理包括两个层次，一是通过行业协会来规划、指导不同行业个体的生产经营活动，促进产业的发展；二是国家机构制定各产业以及重点产业的目标和发展方向。目前，旅游业成为快速发展的产业，带动了许多行业的发展和塑造，环保专职人员数量、使用低污染娱乐设施数量和游客投诉处理率降低，等等。

（7）冰雪旅游需求层面。旅游需求是指具有购买力的旅游者对某些旅游活动、旅游项目产生购买欲望，在一定的时间和价格下，愿意出钱购买的旅游产品数量。因此，对旅游产品的购买欲望成为旅游者产生旅游行为的动力和目的，旅游需求状态主要表现为旅游者对旅游产品购买能力的状态。

在冰雪旅游业发展过程中，从旅游者的人数、旅游收入和旅游者人均消费可以看出需求强弱。旅游者的需求强则必然带动其他层面的发展，而其他层面的发展也必然促进旅游者的需求。上述层面是对冰雪旅游业发展的定性化、抽象化的概括，而要对动力因子进行具体分析，进而构建完善的动力系统，需要以一些恰当的指标来量化动力因子。

（8）冰雪旅游自然环境层面。自然环境是人类赖以生存的物质基础，包括水、大气、植物、土壤、动物、太阳辐射、岩石矿物等。人类是自然的产物，而人类的活动又影响着自然环境。旅游业的发展对自然环境有着积极的影响，它能够促进旅游地的自然环境向着良性的方向发展；但是也存在着消极的影响，包括对水体产生影响、噪声和大气污染，对生物资源、植物资源和动物资源产生危害，也会产生很多废物和垃圾。自然条件的优劣，在很大程度上会促进或者制约着旅游业的发展，某些地区会依赖着自然环境来发展旅游业，因此，自然环境是旅游业的重要资源之一。

冰雪旅游属于生态旅游范畴，冰雪旅游资源的开发和维护，可以最大化地保持生态资源的完整性，有利于改善空气质量，保护环境。因此，在发展冰雪旅游业的同时，需要注重对资源的保护。在发展冰雪旅游业过程中，开发旅游和游客实行旅游活动都会或大或小地对目的地造成环境损害，如垃圾污染、植被退化、

动物栖息地破坏、水土流失等。有些破坏短时间内不明显，但是积累到一定程度就会爆发，后果非常严重。有些地区开发的旅游项目对环境的影响可以通过资金及人力的投入而改变，如冰雕、雪雕、滑雪场等，游客参观产生的垃圾可以进行清洁，能够把垃圾污染控制在可接受的范围内。但是也有一些冰雪景区，环境控制力比较弱，例如雪乡特色景观等自然风光的区域，一旦依赖生存的景观遭到破坏，虽然对生态环境影响不是很大，但是对整个旅游发展造成的影响却是巨大的。所以这类地区的环境容量极限小，对游客需要进行严格的控制，对旅游目的地的环境保护是必需的。

（二）冰雪旅游业动力因素确定

本书首先对冰雪旅游业的动力要素进行了初步的确定，主要从冰雪旅游自然环境层面、冰雪旅游经济层面、冰雪旅游资源层面、冰雪旅游基础设施层面、冰雪旅游文化层面、冰雪旅游人力资源层面、冰雪旅游管理层面、冰雪旅游需求层面八个方面来确定最终的动力要素。为了能够准确衡量这八大要素，需要对每一个要素进行动力指标界定，然而每一个要素所包含的指标数量众多，且比较复杂，为了保证指标的准确性，选择专家筛选的方法，进行隶属度计算，最终保留可行的指标。

1. 冰雪旅游业动力体系构建原则

对于冰雪旅游业发展的动力指标选取，主要是根据研究的目的来确定。作为衡量冰雪旅游业的发展因素，既要考虑产业自身的特殊性，也要遵循指标体系的科学性、客观性、完整性、有效性的原则，以及对于指标数据的准确衡量原则。

（1）综合性。冰雪旅游业动力指标需要反映冰雪旅游业的自然、经济、社会、生态等各个方面的基本特征，是各动力因子的有机结合，因此构建的指标体系需要有足够的覆盖面，能够充分考虑到冰雪旅游业的主要动力因素。

（2）全面性。通过大量的文献查阅及经验总结，构建的指标体系结构比较清晰，可以充分反映出一级指标和二级指标之间的逻辑性，便于准确地识别和使用。同时指标的选取也要考虑系统性的特点，既要减少冗余又要尽可能全面，既有静态又有动态，既能体现单位水平又有总量水平，相互促进。

（3）数据化。冰雪旅游业动力因子比较多，能够反映产业发展的因子包括主观指标和客观指标。客观指标可以根据现有的情况进行统计和计算，可以得到实际观测值；某些主观指标很难进行量化，可以通过市场调查或者替代的方式进行确定，尽量促进指标数据化。

（4）可操作性。在查找资料的过程中，力争可以通过统计年鉴及旅游统计年鉴获得资料，其他相关数据也可以通过相关部门获得。同时，构建的指标体系可以量化，量化的指标相对准确、可信，尽量减少用定性指标的机会，可以选择间接赋值或者间接可以量化的指标，等等。

2. 冰雪旅游非动力因素初始确定

通过研究冰雪旅游业相关国内外文献资料，结合冰雪旅游业的发展现状，本书最终确定资源动力子系统、经济动力子系统、文化动力子系统和环境动力子系统所包含的动力因素，明确主要影响指标，同时确定的动力因子可以量化，避免人为确定权重而影响评价分析的客观准确性。

（1）一级指标。冰雪旅游业动力系统：资源动力子系统、经济动力子系统、文化动力子系统、环境动力子系统。

（2）二级指标。冰雪旅游资源层面、冰雪旅游人力资源层面、冰雪旅游服务设施层面、冰雪旅游经济层面、冰雪旅游需求层面、冰雪旅游文化层面、冰雪旅游政府支持层面、冰雪旅游自然环境层面。

（3）三级指标。冰雪资源丰度、冰雪旅游资源质量、滑雪场数量、旅游从业人员数量、星级饭店数量、旅行社数量、基础设施建设、GDP总量、人均GDP、冰雪期间旅游人数、冰雪期间旅游收入、旅游者人均消费、居民参与冰雪旅游情况、居民对冰雪旅游业满意程度、居民环保意识、冰雪旅游节庆活动、旅游安全性、政府对冰雪旅游业的形象、环保专职人员数量、空气质量级别、水环境质量、环境噪声情况。

为了保证数据的可靠性及真实性，对部分指标作出以下解释。

①冰雪旅游丰度指某区域冰雪旅游资源的丰富程度，因此用下雪量厚度表示，单位为毫米。

②冰雪旅游资源质量指冰雪旅游资源质量的优劣，因此用结冰期时间表示，单位为天。

③基础设施建设指建设及维护冰雪旅游基础设备的投入资金数，包括政府投资和民间投资，单位为亿元。

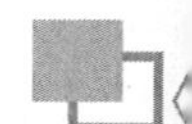

④居民参与冰雪旅游情况主要指当地居民参与冰雪旅游的比例，可以看出冰雪旅游业发展带给居民的影响程度，单位为%。

⑤旅游安全性是指旅游者在旅游过程中所感受到的人身安全、财产安全等情况，因此用案件处理率表示，单位为%。

（三）冰雪旅游业动力系统的运行环境

冰雪旅游业动力系统的运行环境是指动力系统以外的所有与动力系统具有不可忽视的联系和事物的集合。冰雪旅游业动力系统在运行过程中，必然受到其他条件的制约，动力系统在环境下运行、延续和演化，动力系统的状态、结构、属性和行为等或多或少与环境有关，从而促进动力系统对环境产生一定的依赖性。因此可以说，动力系统既受到环境的影响，也对环境产生影响。冰雪旅游业属于旅游业中的新兴产业，既有旅游业的特点，又具备一定的特殊性。通过八大分系统构成结构紧密的动力系统，同时还要受到市场、文化、制度、资本、技术、生态环境的制约，这些因素构成的冰雪旅游业系统作用于动力系统及各分系统，是动力系统发挥作用的重要保障。

1. 市场环境

市场是经济发展的源泉，是冰雪旅游业发展的基础。冰雪旅游业发展的速度取决于市场环境状况。从我国冰雪旅游的市场环境来看，各地区的冰雪旅游没有达到饱和状态，由于各地区的人口年龄、经济收入和教育水平不同，实际参与冰雪旅游人数不相同，导致市场需求存在一定的差异。因此，发展冰雪旅游业需要打造地方特色，打造冰雪旅游产品，彰显冰雪旅游文化，获得冰雪旅游业的经济效益。同时，来自本地居民的市场需求也是冰雪旅游业发展的动力因素，因此提升本地居民对冰雪旅游的认知度、参与性，也是冰雪旅游业的发展方向。

2. 文化环境

冰雪旅游文化博大精深、内涵丰富，包括冰雪艺术文化、冰雪建筑节庆、冰雪旅游饮食文化、冰雪建筑文化、冰雪娱乐文化等，冰雪旅游业发展的方方面面都体现出文化特色。

如何打造鲜明个性的文化环境，挖掘和塑造地方文化特色是冰雪旅游业发展的核心内容。而打造文化环境是漫长的历史过程，需要通过文化的交流、碰撞、融合逐渐形成的地方文化特色，对于冰雪旅游文化环境的建立需要立足于本地的文化传统和特色，打造不同的主题特色，形成不同品位、内涵的旅游产品，打造冰雪旅游文化品牌，对于冰雪旅游业的发展具有重要的战略意义。

3. 制度环境

冰雪旅游业的发展需要市场机制的资源配置作用，需要政府的行政力量，需要出台政策和制度进行制约。不论冰雪旅游业处于何种阶段都需要制度环境的约束，冰雪旅游业处于萌芽阶段时政府起到主导性作用，冰雪旅游业处于发展阶段时政府起到辅助性作用，但是都脱离不了制度环境的约束。

4. 资本环境

资本是冰雪旅游业发展的基石之一，具有乘数效应。冰雪旅游景区的建设，冰雪节庆活动和经贸活动的举办，企业集团投资冰雪旅游业，都离不开资本的强有力支持。资本对冰雪旅游的基础设施建设、交通改善、冰雪旅游产品建设、市场宣传、信息化建设、冰雪形象打造都发挥着重要作用。获得资本，促进国内外资本的合理流动，资本的优化配置等都对冰雪旅游业的发展作出贡献。

5. 技术环境

冰雪旅游业的发展离不开技术的支持，冰雪旅游的技术包括冰雕、雪雕、滑雪等方面。冰雕、雪雕具有较强的艺术性，需要具备一定技术能力的优秀人才。例如新疆的“丝绸之路国际滑雪场”，冰雕的艺术感、壮观感不仅在国内是数一数二的，国外的旅游者也叹为观止，这都是专业技术人员的成就。冰雪旅游业中比较受游客喜爱的还有滑雪项目，滑雪项目需要专门的教练，除了保障游客的安全外，还要教授游客滑雪技术，因此需要对专门的技术人员、服务人员和管理人员进行专业培训，培养出专业的滑雪指导员以及滑雪设施、器材设备的使用和维护等相关的专业人才。

6. 生态环境

生态环境是冰雪旅游业发展的必要环境，保护生态环境，对冰雪旅游业实现可持续发展起到重要的推动作用。冰雪旅游资源具有较强的季节性、地域性、稀缺性，对于改善空气质量，保护生态资源的完整性，土地的滋润都起到了保护的重要作用。此外，冰雪旅游发展中结合了自然资源和人文资源的特点，在景观设

计中体现主题文化协调、景观和谐的生态氛围，有助于提高生态环境的协调性。另外，给予冰雪旅游业良好的生态环境，还需要对旅游者进行管理，对垃圾进行合理的处理，保护冰雪旅游业生态环境。

（四）冰雪旅游业动力系统的运行机制

冰雪旅游业动力系统在运行过程中，受到环境的影响，同时需要运行机制的保障。运行机制是创造动力关系，并建立动力发挥的平台，从而使冰雪旅游业动力系统依托环境，促进动力发挥作用。结合冰雪旅游业的发展特点，并根据学者的相关研究，冰雪旅游业动力系统运行机制包括推—拉运行机制、组织传导运行机制和一体化协作运行机制。

冰雪旅游业动力系统形成的初始阶段主要是推—拉运行机制和组织传导运行机制起到作用，促进冰雪旅游业动力系统的初步形成，形成初始动力系统。冰雪旅游业动力系统整合阶段主要是组织传导运行机制和一体化协作运行机制开始起作用，促进动力系统逐渐走向规范阶段，发挥持续的系统动力。冰雪旅游业动力系统的发展阶段主要是一体化协作运行机制起到主要作用，促进动力系统走向发展阶段。在运行过程中，资源力、政府力、文化力、经济力、环境力通过运行机制渗透到动力系统中，促进冰雪旅游业动力起到可持续作用。

1. 推—拉运行机制

冰雪旅游业涉及食、住、行、游、购、娱，是一个复杂的过程。一方面，冰雪旅游业的发展是动态性的过程，受到多个不同方向和不同大小的动力影响；另一方面，冰雪旅游业在发展过程中，受到综合因素的影响，多个动力共同推动冰雪旅游业的发展。正是由于冰雪旅游业发展动力系统中各种动力的变化，使得冰雪旅游业的发展呈现不同的发展水平。

2. 组织传导运行机制

组织传导运行机制是冰雪旅游业发展动力系统中通过各种力量的交叉和协同组合而形成的发展合力。冰雪旅游业发展动力系统中动力因素通过相互作用产生两种效果：①动力因素之间通过组织交叉和协同交叉形成协同合力，推动冰雪旅游业向前发展。②由于外界、人为环境等原因，部分动力因素在传导输送过程中会相互竞争导致合力减弱。

在冰雪旅游业动力系统的组织传导中，动力系统通过动力因素起到促动作用，内部重组后获得持续性动力而进行组织传导，这种动力通过制度协作职能和组织方式促进冰雪旅游业内部的表层动力、中层动力和深层动力进行组织传导，通过组织交叉形成合力，由于人为、制度等原因导致部分力量的抵消。组织内部和自身处于不断循环发展中。

3．一体化协作运行机制

一体化指在系统的发展过程中，内部各因素之间与外界环境之间创造出有力的、强大的网络联系，共同推进系统的运行和发展。这种社会网络具备以下几个特征：①社会网络既具有封闭性又具有开放性。封闭性是指网络参与者和其他网络成员具有明显相对性的态度特征。开放性是指该网络是以一种允许成员容易接近一个宽广范围服务的方式构成，他们容易进入，应归于他们的灵活性使他们容易掌握来自其他参与者和网络的外部知识。②社会网络中各要素的力量不同，但无等级差异。③社会网络的形成是危机驱动，并非利益驱动。而一体化协作运行正是通过社会网络（即社会经济联合体）的方式实现的。

冰雪旅游业的发展并不是一蹴而就的，需要政府、企业及相关部门的共同参与，但是目前从冰雪旅游业的运行来看，参与部门和企业缺乏统一的协作意识，导致冰雪业无序发展，这使得建立一体化协作运行机制成为必要，建立利益网络关系成为必要。冰雪旅游业的运行实质是各利益相关者，如政府、企业、旅游者、当地居民等为了自身的利益，通过网络联系形成合力推动冰雪旅游业的发展。在这个网络结构中，各利益相关者无等级之分，强调合作和互惠的观点，共同发展冰雪旅游业，服务于具有冰雪旅游特色区域的利益，它能够激发利己主义的成员加入该网络中并与其他成员分享一些有价值的知识，共同参与“投资战略”创造强大发展势头。各利益相关者更易接近信息，搜索、拥有和分享资源，致力于共同利益基础上的合作行为，通过相互协作共同开发资源和买卖资源，在玩雪、赏雪等过程中传播集体的思想观念和愿景，一方面能吸引旅游者，另一方面能够吸引内在的投资者，增加当地人的自豪感和对抗消极的感知。

冰雪旅游业发展动力系统并不是其中一个或者几个系统单独发挥作用，而是各种动力系统协调互动的程序，遵守系统内部运行机制，使系统接近自适应状态，对外界变化及系统优化，同时动力系统内每个分系统的协同及竞争是系统产

生动力的源泉。动力系统在动力机制的保障下可以实现运行过程，如果动力系统的阻力弱化，可以推动冰雪旅游业实现发展。动力系统弱化，那么动力系统的阻力将会强化，导致冰雪旅游业发展的衰落甚至停滞，与此同时，反馈机制将信息再次注入系统，进行新一轮的协同与竞争。

第三章 冰雪旅游业的发展模式

第一节　冰雪旅游业发展模式分析

一、国内冰雪旅游业发展模式分析

（一）国内冰雪旅游业发展历程

冰雪旅游业依靠独具特色的魅力吸引着越来越多的旅游者，逐渐成为旅游业中不可或缺的一部分。人们为了能够释放日常繁重的生活和工作的压力，寻找瞬间的刺激感，实现翱翔冰面、驰骋雪原的愿望，越来越喜欢参与到冰雪旅游中。我国现有滑雪场主要集中在黑龙江、吉林、辽宁、北京、新疆、内蒙古等省、市、自治区。这些地区的冰雪旅游业的发展速度要快于其他地区，不仅仅是因为这些地区具有独特的自然地理位置优势，也是由于这些地区把冰雪旅游业作为重要的经济增长点进行规划和设计，创造出更有新意的冰雪旅游项目。目前，冰雪旅游业的经济效益显著，客源市场不断扩大，对区域发展产生了重要影响，在旅游业、社会文化方面也起到了重要的作用，冰雪旅游业向着多样化、高水平的趋势快速发展，成为区域经济发展的重要组成部分。

冰雪产业优势为旅游业发展创造了得天独厚的优势，经过多年的发展，冰雪旅游业经历了萌芽期、兴起期和发展期，在不断发展的过程中，各区域冰雪旅游

规划纳入区域经济的全局规划中，促进生产、旅游、商贸、交通和文化行业更好相互联系，形成完善的冰雪旅游产业链条，构成范围广泛、经济效益好的经济综合体。

1．第一阶段：萌芽期

欧洲的冰雪旅游业发展比较早，有着悠久的历史，至今仍占据着冰雪旅游业的领先地位。我国冰雪旅游产生得较晚，20世纪40年代初期，我国开始出现滑雪场，人们对滑雪项目产生了浓厚的兴趣。20世纪50年代，吉林省吉林市开始组建滑雪运动队伍，并举办了中国第一场滑雪运动会，受到人们的喜爱和参与，随后又承办数十次全国冬季滑雪竞赛活动。

我国真正进入冰雪旅游开端，应该是黑龙江省哈尔滨市举办的冰灯游园会。20世纪60年代，黑龙江省哈尔滨市在市委、市政府的组织领导下，第一届哈尔滨冰灯游园会在兆麟公园举行，由此带动了哈尔滨冰雪艺术的发展壮大，并在此基础上形成了中国哈尔滨国际冰雪节。哈尔滨冰灯游园会是哈尔滨人用松花江原生冰进行冰雪创作的艺术结晶汇展，艺术家们用自己的手艺，雕塑出千姿百态的冰雕艺术作品，再辅以现代科技手段，便构成了独具东北地区特色的冰灯艺术。冰灯游园会的举办标志着冰雕艺术与雪雕艺术相结合、冰上运动和雪地运动相结合的冰雪旅游风格。每当夜幕降临，华灯齐放，冰灯游园会犹如五彩缤纷的水晶宫，旅游者在园里充分地感受到冰雪旅游的乐趣，或滑雪、滑冰、滑冰橇、冬泳、踢雪地足球、放风筝、玩雪地赛车，给旅游者带来不一样的新奇感受。一年一度的冰灯游园会成为国内外知名的冰雪旅游项目。

2．第二阶段：兴起期

黑龙江省哈尔滨国际冰雪节与加拿大魁北克冬季狂欢节、挪威奥斯陆滑雪节、日本札幌雪节并称为“世界四大冰雪节”。20世纪80年代，黑龙江省哈尔滨市委、市政府创办了第一个“冰雪节”，对冰雪体育、冰雪文艺、冰雪雕塑、冰雪饮食、冰雪经贸和冰雪旅游进行全方位开发，这也成为冰雪旅游业的兴起阶段，为冰雪旅游业进入发展阶段奠定了基础。此时，吉林雾凇成为地方的特色旅游资源，与桂林山水、云南石林和长江三峡并列被誉为“中国四大自然奇观”。吉林雾凇仪态万方、独具风韵的奇观，让络绎不绝的中外游客赞不绝口，同时吉林雾凇对自然环境、人类健康也作出了很大的贡献。每当雾凇来临，吉林市松花江岸十里长堤“忽如一夜春风来，千树万树梨花开”，把人们带进如诗如画的仙境，吉林雾凇家喻户晓，而且名扬中外。至此，冰雪旅游开始真正地进入人们的视野，并成为冰雪旅游的地方性代表。

20世纪90年代，冰雪大世界建成，并将冰雪节升级为国际性节日，极大地促进了冰雪旅游业和冰雪旅游市场的发展，促进冰雪旅游成为冬季旅游的方向和旅游经济增长点。另外，1998年举办的国家滑雪论坛，更使得冰雪旅游在东北地区掀起热潮。至此，我国已经建设初、中、高级滑雪场近百家，滑雪场的数量迅速增长起来，冰雪旅游接待量得以提高。

3．第三阶段：发展期

进入21世纪以来，我国的经济开始快速发展，人们的生活方式发生巨大的改变，冰雪旅游不再是某些人群的专属产品，作为新兴的度假旅游产品，冰雪旅游越来越受到旅游者的青睐，并凸显出在中国旅游市场中的重要性，冰雪旅游业走向了新阶段。

随着我国旅游业的不断发展，冰雪旅游业成为经济增长的一个重要来源，对于旅游产业调整和发展特色旅游都有着重大的意义。目前，除了东北地区发展冰雪旅游业以外，全国其他区域也陆续开发了冬季冰雪旅游市场，全国冰雪旅游业发展如火如荼。例如，河南洛阳的中原冰雪节开启了中部地区冰雪旅游的先河，陕西将黄土民俗与冰雪艺术相结合，青海打造冰雪旅游基地，宁夏和石家庄举办冰雪艺术节，等等。在冰雪旅游业的引导下，我国的冰雪旅游资源得到开发，旅游产品不断创新，冰雪旅游业格局初步建立，经济效益、社会效益、生态效益逐渐显露出来，并开始向更新、更快、更有特色的方向发展。

（二）国内冰雪旅游业模式分析

目前，我国冰雪旅游开发已经遍及大江南北，开展冰雪旅游的省份和城市三十多个，遍及新疆阿勒泰、辽宁棋盘山、吉林长白山、北京龙庆峡、四川海螺沟、云南玉龙雪山等，冰雪旅游业进入一个蓬勃发展的成长期。黑龙江、辽宁、吉林等区域开展冰雪旅游较早并取得了一定的成绩，北京、内蒙古、新疆、河北、四川等区域虽然起步较晚，但也占领了一定的市场，发展速度很快，成为众多区域的经济支柱或新的经济增长点，并正在逐步走向国际化。

1. 东北地区

东北地区基于地理位置和自然环境的原因，冰雪旅游资源丰富，冰雪旅游产品与众不同，冰雪旅游业成为东北地区具有的特色产业之一。在发展冰雪旅游业过程中，东北地区以打造冰雪旅游品牌为目的，冰雪节、国际滑雪节、冰雪大世界成功地展示了冰雪文化内涵和冰雪艺术的魅力，成为东北地区宝贵的无形资产。除此之外，东北地区在市场化运作过程中呈现出明显的优势，通过企业参股、控股和独立经营等方式涉足冰雪旅游业，龙珠集团、吉华集团等较早投入巨资进入冰雪旅游业的运营中，取得良好的企业效益和社会效益。

辽宁省沈阳市自1997年举办首届冰雪旅游节起，此后每年举办的时间是12月至次年2月。冰雪旅游节的举办丰富了旅游者冬季文化生活，有机地把冰雪与文化、民俗、健身相结合，提升了沈阳冰雪旅游城市形象，成为沈阳发展冰雪旅游业的重要品牌之一。沈阳比较著名的冰雪旅游项目是位于棋盘山风景区的冰雪大世界。冰雪大世界享有“东北冰雪旅游第一站”的称号，占地50万平方米，以休闲健身和惊险刺激为特色，处处彰显冰雪文化的深厚内涵。

内蒙古有着天然的冰雪旅游资源，自21世纪初起进行大规模的冰雪旅游景区建设，共建成十几处具有一定规模和档次的滑雪场，加强冰雪旅游基础设施建设、创新旅游产品、提高冰雪旅游服务质量、加快冰雪旅游业发展速度、加大冰雪旅游宣传力度，使内蒙古冰雪旅游业在软件和硬件服务水平上得到大幅度提高。依托丰富的冰雪资源，内蒙古成功举办了内蒙古冰雪节和多次全国性滑雪赛事，以冰雪节为品牌，以冰雪体育竞技、冰雪艺术表演、民族风情展示、市民假日休闲、娱乐冰雪旅游为主要内容，推出民俗与冰雪相组合、休闲与玩雪相组合、边境风情与冰雪探奇相组合、冰雪与温泉相组合的近百种冬季特色旅游产品。冰雪旅游已经成为内蒙古经济社会发展的重要产业，对提升内蒙古影响力和知名度发挥了重要作用。

2. 华北地区

华北地区的冰雪旅游发展稍晚于东北地区，大致始于20世纪90年代。凭借良好的交通区位优势，这一地区的冰雪旅游业有着良好的发展空间，发展势头已逐渐向东北地区靠近，成为东北地区有力的竞争对手，尤其是北京与河北张家口联手申报2022年冬奥会成功后，对于华北地区冰雪旅游业的发展起到一定的推动作用。在冰雪旅游业发展的过程中，华北地区比较注重的是区域联合，通过资源的组合达到特色冰雪旅游产品。京津冀地区是我国重要的旅游客源市场之一，具有较大的市场需求，加上配备完善的基础设施和服务设施、良好的交通条件，成为旅游者冬季旅游的重要目的地之一。

河北省近几年冰雪旅游业发展迅速，依靠丰富的冰雪旅游资源，冰雪旅游业成为其冬季旅游的支柱。目前，河北省已经拥有一批冰雪旅游景区，构成国内规模较大、条件较优越、设施较先进、体系较完备的冰雪旅游业。与此同时，石家庄和其他城市组成合作联盟，共同举办冰雪旅游节庆活动，如中国崇礼国际滑雪节、承德避暑山庄冰雪节等，从而为河北省带来巨大的经济效益和社会效益。

3．西部地区

西部地区的新疆、四川等地具备一定的冰雪旅游资源，由于该地区的旅游发展基础相对薄弱，冰雪旅游开发尚处于初级阶段，冰雪旅游规模和旅游者人数较少，其中大多数旅游者为自助群体，意在体会西部地区的神秘感和新奇感。西部地区在冰雪旅游业的发展中，进行市场定位时宜采取不同的营销策略，发挥西部地区的特点，从地域文化方面打造冰雪旅游产品，形成强烈的旅游感知。在市场宣传方面，可以采取调研和评估方式，利用夏季客源进行宣传，并针对不同的客源提供差异性营销策略。

新疆北部的冬季雪期长，从每年的10月下旬到次年的4月，年积雪期平均为120天，积雪厚度可达18.75厘米至40厘米，冰雪资源丰富，冰雪旅游资源潜力巨大。依靠丰富的冰雪旅游资源，新疆推出了轰动全国的新疆冰雪游产品，打破了新疆冬季旅游沉寂多年的局面。目前，新疆已逐步形成以乌鲁木齐为中心，辐射周边地区的冰雪旅游业格局，并打造冰雪旅游风格的系列组合产品。新疆主要依靠冰雪资源来打造冰雪旅游产品，发展冰雪旅游业，可以认为是资源驱动型的冰雪旅游业发展模式。然而客观来看，新疆在冰雪产品的建设较多的是基于对其他区域的模仿，尚未充分体现其自身特色，再加上交通条件有限，导致旅游者的旅游需求意愿降低。因此，如何扩大冰雪旅游知名度，提升新疆冰雪旅游业的发展空间，是未来的发展方向。

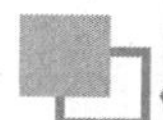

二、冰雪旅游业发展模式的提出

通过对国内外冰雪旅游业发展模式的分析，可以发现资源驱动力、政府支持力度、文化影响力、经济发展能力、环境保护能力等在国内外冰雪旅游业发展中占据着非常重要的作用，通过对国内外发展模式的总结，以及对国内外文献的分析、政府及官方网站报道的梳理、对搜集资料的统计分析，结合目前国内外冰雪旅游业发展的现状及趋势，归纳并提出以下几种较为典型的冰雪旅游业模式，包括资源驱动型模式、经济高效型模式、文化兼顾型模式、环境保护型模式。

（一）资源驱动型模式

资源问题一直是社会关注的焦点，这些有限的资源可以分为可再生资源和不可再生资源。不可再生资源的总量在使用过程中会不断减少，可再生资源虽可再生，但其总量也处于变化的状态，取决于社会的使用状态。总体来说，资源是有限的。同样，旅游资源也存在稀缺性和有限性。根据旅游发展的实际状态，学者把旅游产品分为资源依托型旅游产品和资源脱离型旅游产品，其中，资源依托型旅游产品的核心是旅游资源，旅游资源的价值形成旅游产品的价值。自然旅游资源的价值体现在天然之美，人文旅游资源体现文化之美，这些价值既包括无形的，也包括有形的，进而成为学术界研究的方向。

1. 资源驱动型模式的概念和特征

冰雪旅游资源体现区域特色和区域优势。作为一种自然的产物，冰雪旅游资源充分实现了自然资源的价值，每年的12月到次年的2月，冰雪资源不断地进行再生、更新、恢复和增值，并在冰雪旅游业中起到了推动作用。然而随着冰雪旅游活动的深入，旅游者对冰雪旅游的好奇心也发生了根本性的转变，单纯的自然再生产逐渐不能满足旅游者的需求，旅游者从好奇、欣赏阶段转变为参与、体验阶段，他们不仅要观赏冰雪自然景观，而且要欣赏冰雪人文景观，从事冰雪娱乐休闲活动。此时，冰雪旅游资源开发者要付出创新性的劳动，设计创新的冰雪景观，如冰灯、冰雕和雪雕等，开发旅游产品，设计冰雪旅游设施，提供冰雪娱乐服务等。冰雪旅游资源的开发和维护不仅促进旅游业的发展，吸引大量的游客参与其中，也有利于改善空气质量，保持生态资源的完整性，达到保护环境的目的。因此，资源驱动型模式是指以冰雪旅游资源为核心，通过消耗冰雪自然资源来实现资源的独特价值，进而推动冰雪旅游业发展的方式和方法。

旅游资源是旅游产业发展的核心，而为旅游者提供“吸引向性”则是旅游资源的主要作用，冰雪旅游产品的壮观与奇特，充分激发了旅游者的旅游动机，使潜在的旅游对象变为现实的旅游者。从旅游者的旅游心理来看，旅游者总是希望以最小的成本得到更大的旅游价值。品位高、体验性强的旅游景区更能得到旅游者的青睐。例如，沈阳棋盘山冰雪大世界是集冰雪欣赏、滑雪、温泉于一体的旅游项目，吸引了大量的旅游者参与。因此，如果一个地区不同层次、不同类型、不同项目的景观数量多，且联系紧密、比例协调，则更能显示出旅游景区的观赏价值。冰雪旅游资源在塑造过程中，把自然、人文和社会等要素进行组合，不同冰雪旅游项目的互补，相似冰雪旅游资源的数量组合，等等，大大增强了冰雪旅游的吸引力。为了增强和创造足够强的“吸引力”，必须开发旅游资源，营造冰雪旅游环境，充分了解旅游者的需求，向多元化、深层次的方向发展。这种资源驱动模式的运行需要调动冰雪旅游业发展的各种要素，创造出高品位、有内涵的冰雪旅游作品。尤为重要的是，冰雪旅游企业在经营过程中应该摆脱片面的冰雪旅游资源开发模式，对景区的资源、市场、竞争对手进行充分分析，将冰雪旅游产品进行合理组合，达到资源互补、市场共享的效果。

资源驱动型模式的特征表现为以下几点。①对冰雪资源有很强的依赖性。这也是资源驱动型模式最主要的特点。资源驱动型模式是消耗大量有限的资源而实现产业发展的方式，没有资源，产业就缺少了基础的动力。基于这点，区域充分利用冰雪资源，同时借助于人工造冰、造雪的方法来充实冰雪资源。在天然资源和人工资源的共同努力下，冰雪旅游业达到了发展的目的。②冰雪资源的效益存在期限性。冰雪资源的开发是在独特的气候环境下进行的，每年的12月到次年的2月是冰雪资源开发的旺季，旅游者进行冰雪旅游既是出于对冰雪景观的喜爱，也是想体验冰雪天气带来的新奇感，但是冰雪气候的时期有限，采用资源驱动型模式来发展冰雪旅游业带来的效益必然是有限的。③冰雪资源的发展性有限。冰雪资源有限，旅游者的需求无限，虽然冰雪资源可以再生，但是冰雪资源受到地域和空间的限制比较明显，不是所有区域都存在冰雪旅游资源，因此，旅游者对于资源的利用空间和时间是有限的。资源驱动型模式的以上特征反映了其存在的问题，冰雪旅游开发者不能仅依靠资源，在较短时间内造成大量资源的浪费，导致效率低下。

2. 资源驱动型模式的适用条件

由此可知，资源驱动型模式存在明显的弊端，对资源的依赖性较大，但资源驱动型模式的产生不是偶然的，它有着历史和现实的原因。对于产业发展来说，可以借助资源的力量来提升竞争力，但是不可以仅仅依靠资源，因为很多资源的有限性，会导致产业发展周期变短。因此，资源驱动型模式比较适用于产业发展的萌芽阶段或者初级阶段，同时要在对资源进行合理并永续利用的基础上，寻求自然与社会的和谐统一。这对于冰雪旅游产业发展模式下的资源驱动型模式而言，非常重要。

（二）经济高效型模式

1. 经济高效型模式的概念和特征

经济高效型模式主要以提高经济效益为中心，通过满足消费者需求来增加冰雪旅游人数和冰雪旅游收入。旅游者所在区域的不同，对冰雪旅游产品的需求不同。对于常年生活在冰天雪地的环境中的人们来说，冰雪是生活中常见的部分，对冰雪的喜爱是发自内心的，对于这类旅游者，冰雪旅游企业应更加重视对冰雪娱乐活动的开展和冰雪环境的打造，也应更加关注冰雪旅游环境下孕育的冰雪景观艺术和文化创造。而对于常年生活在南方的人们来说，对冰雪环境是新奇的，会有意识地追求有关冰雪的旅游环境。另外，专业人士和普通社会大众对冰雪旅游产品的认知也存在差异。专业人士关注的焦点是多层次、多角度和全方位的，更加关注冰雪景观的艺术价值和文化价值，关注冰雪景观的形象塑造；普通社会大众主要依靠直觉来欣赏景观，随意性和偶然性比较强，对于文化意义方面缺乏深刻的理解和认知。对于不同的旅游消费群体要进行不同的细分，针对不同的消费偏好提供不同的冰雪产品，因而需要对冰雪旅游者进行市场细分，挖掘适合市场需求的冰雪旅游产品，并匹配给适合的目标消费群体。冰雪旅游企业在选择目标市场时要遵循以下几点原则：①旅游企业和目标市场的企业形象与经营目标要一致；②旅游企业要与目标市场的资源相匹配；③目标市场具备结构性的吸引力。

经济高效型模式的特征主要表现在以下几点。①发展经济成为冰雪旅游业的主要目的。在冰雪旅游业发展中，如何促进经济增长成为众多冰雪旅游企业和政府相关部门的目的。②市场成为产业发展的干预力量。经济高效型模式强调市场的作用，在产业的运行过程中，消费者、竞争对手、相关企业是产业发展关注的焦点，在了解竞争者行为的同时，要关注消费者对产品的需求偏好，并以此为基础进行资源配置。③营销观念成为核心指导思想。营销观念是一种以消费者的需求和欲望为导向的哲学，是消费者主权论在企业运营中的体现，也是市场导向概念及其理论产生的思想基础。经济高效型模式的核心指导思想就是通过开展以消费者为中心的现代营销策略，把营销观念贯穿其中，来促进冰雪旅游业经济增长。消费者的需求具有多样性特点，只有充分了解市场，才能满足消费者对产品的个性化、自主化、休闲化和多样化需求，提供创新性的产品。在整个产业的发展过程中，企业组织要在时刻关注竞争者战略的同时，关注消费者的期望及任何起着决定性作用的环境机遇，并掌握潜在需求和现实需求。

2. 经济高效型模式的适用条件

采用经济高效型模式，开发并利用有限资源来满足市场需求，能在实现经济效益提升的同时，促进相关企业在旅游产业发展过程中获得最大利益，进而实现可持续发展的目的。产业在发展过程中采用经济高效型模式，要求相关企业充分地了解市场，能够在市场中充分进行自由竞争；充分了解消费者需求，提供的产品能够满足消费者的需求；产业中的相关企业能够应对激烈的竞争，并能够盈利。另外，组织内所有部门都能够协调合作并相互分担责任，制定组织战略决策，对于市场中的竞争者、消费者比较了解，并能够支持消费者导向的价值观和信念，能够将市场的态度融入组织的运营过程中，并增强相关企业的营销能力和设计能力，同时对市场表现进行准确的绩效衡量。因此，经济高效型模式适用于产业处于发展阶段，即冰雪旅游业发展状态良好的阶段。

（三）文化兼顾型模式

1. 文化兼顾型模式的概念和特征

文化是在社会生产过程中形成的传统价值观、知识、人才和审美道德等要素的总和，是在人类社会经济实践中形成的约束人类经济行为的观念和制度，能够对人类形成指导及对人类经济行为进行控制的方法和手段。文化能够培育出人类的价值观念、经济意识和行为模式。文化兼顾型模式在运行过程中，必然要考

虑到经济的影响。在文化和经济发展中存在着两种不同的观点，一种是“文化决定论”，另一种是“经济决定论”。“文化决定论”主张文化对经济的发展起着决定性作用，符合现代精神的文化价值观，对经济发展起着正面和积极的作用；“经济决定论”则认为经济决定文化，要先发展经济才能促进文化的提升，经济对文化起着正面和积极的作用。经济和文化应该是平等的，经济的发展促进文化的进步，文化提升的同时经济也会不断地发展。冰雪旅游业在发展过程中所采用的能够综合考虑社会经济状况和社会文化状况的模式，称为文化兼顾型模式。这也可以看出，冰雪旅游业的发展不仅能够促进产业整体运行，也能够对社会经济和文化方面作出贡献。采用文化兼顾型模式，提升当地居民对冰雪旅游的认知度，促进冰雪旅游与当地人文风情的融合，更能体现地域的特色，激发当地居民参与冰雪旅游工作的热情，改善旅游状态，增加旅游人数，进而提高社会的经济水平。

文化兼顾型模式的特征主要表现在以下几点。①文化与冰雪旅游相互融合。冰雪旅游业顺利运行的过程，也是展示地方文化特色的过程，需要把地方文化和冰雪旅游相互融合起来，才能更强有力地吸引旅游者。②当地居民积极地参与冰雪旅游业的发展。文化兼顾型模式的运用，将会对当地居民起到积极促动作用，使其更多地参与到冰雪旅游业的建设和发展中。③经济和文化共同发展。文化兼顾型模式能有效地促进当地经济和文化和谐发展，同时也促进人与自然、人与人的和谐发展。

2. 文化兼顾型模式的适用条件

采用文化兼顾型模式，实质上是指冰雪旅游业的发展需要文化和经济的共同支持。在冰雪旅游业发展中，提高经济水平，促进文化的发展，当地居民对外来旅游者的态度也会发生根本性的改变，进而促进冰雪旅游业的发展。实施文化兼顾型模式是一个循环可持续的过程。文化兼顾型模式适用于产业成长阶段和成熟阶段，目前我国的冰雪旅游业处于成长时期，提高经济文化水平对于产业的发展也是非常有利的。

（四）环境保护型模式

1. 环境保护型模式的概念和特征

环境保护型模式与冰雪旅游业可持续发展之间是一个系统的整体，各因素相互制约、相互影响。在经济系统的发展中，资源与社会形成一种经济关系，文化与资源形成一种文化关系，资源与环境形成一种生态关系，社会与消费形成一种消费关系，社会与生产形成一种生产关系。在整个环境资源系统中，都是以人为主体的社会环境的总和。环境是经济社会发展的物质基础，也是满足人们物质生活的自然基础，通过不断吸收、储存和扩散而不断改善人们的生产生活方式。但是，对环境的开发必须在一定的限度范围内，一旦超出了这个界限就必然形成一种恶性循环，造成生态的破坏和资源的枯竭，从而产生对经济社会的制约和影响。所以，只有处理好资源环境与经济社会之间的辩证关系，才能实现对资源的合理开发和利用，才能真正推进经济社会的可持续健康发展。冰雪旅游业在发展过程中，推动产业经济的发展，推动社会经济文化的发展，实现资源的保护和开发，注重环境的保护，也是区域和国家一直贯彻的方针。

我国冰雪旅游业市场需求日益增强，旅游人数和旅游收入不断攀升，提高了地区经济水平，但是，各种负面效应也显现出来，生态环境受到不同程度的影响。冰雪旅游业要实现可持续发展，离不开对环境的保护，环境保护型模式把资源、社会、文化、人口、经济、环境等因素充分地结合到一起，体现了冰雪旅游业的发展需求，也更好地保护了生态环境。

环境保护型模式的特征主要表现在以下几点。①以可持续发展为主要目标。冰雪旅游业采用环境保护型模式正是基于可持续发展的目的，能够把资源、文化、经济和生态环境等因素结合到一起。生态环境得到改善，资源利用效率显著提高，促进人与自然的和谐，推动整个社会走上生态良好的文明发展道路。②充分考虑了环境承载力问题。冰雪旅游业采用环境保护型模式能有效保证资源环境承载力不超出承载范围。

2. 环境保护型模式的适用条件

环境保护型模式是充分考虑资源、文化、经济和生态环境等各方面的协调统一，而要冰雪旅游业在发展过程中能够达到资源、文化、经济、环境的统一，需要冰雪旅游业发展处于成熟阶段，此时，冰雪旅游业经济水平增长、社会文化成熟，进而达到保护生态环境目的。

三、冰雪旅游业发展模式的选择方法

模式代表事物发展的特定形态、特定形式及组合，具有模型、模特、典型、

样式和类型等多重含义。模式产生于一定的条件，需要与客观环境相符合，不同的环境适用不同的模式。但在某一时点上，事物的发展模式也是特定的。

模式具有以下四个特点。①目的性。在特定的条件下实施的模式，是对客观事物发展的科学概括和提炼，能够实现特定的目的。②阶段性。从历史的角度来看，模式具有与当时的环境相符的阶段性特点。③延续性。模式具有延续性特点，任何模式不会突然消亡，也不会突然产生，是前一个阶段模式的发展。随着时间的延续，模式也会产生新的形态。④局限性。在一定的客观条件下，模式适应环境而存在，但是如果脱离客观环境，模式则无法体现其作用。

前文通过对国内外冰雪旅游业发展状况和模式的分析，总结并提出资源驱动型模式、经济高效型模式、文化兼顾型模式和环境保护型模式。由于不同区域存在不同发展条件，适用的发展模式必然不同，如何正确选择该区域的冰雪旅游业模式，是众多学者需要研究的问题。目前国内外研究模式选择问题，主要还是从定性和定量两种方法来考虑。

（一）定性方法

部分学者在研究模式选择问题上选择用定性方法，通过地方发展的自身因素，最终确定发展模式。但定性方法比较主观，主要依靠人为分析来选择模式，往往容易忽略地方的整体发展状态，不能系统性地思考问题，因此，用定性方法来选择模式是存在不足的。

（二）定量方法

部分学者在模式选择方面选择用定量方法。定量方法通过查阅相关数据计算获得，具有较强的客观性，因此结果比较准确。例如，可根据可持续发展理念，运用系统动力学方法系统分析冰雪旅游可持续发展模式。系统动力学有“战略与策略实验室”之称，是专门研究复杂系统并能进行仿真分析的研究工具。系统动力学主要从系统内部研究，运用信息反馈的原理和因果关系的逻辑性分析，建立系统仿真模型，通过不同的政策方案，针对仿真的系统行为，寻求正确的解决方案和途径，并得到有效的结果。因此，定量方法对于模式的选择是适用的。

第二节　冰雪旅游业不同模式的保障措施

一、资源驱动型模式的保障措施

（一）打造特色冰雪旅游产品

冰雪旅游资源开发是经济行为，以市场为导向，应该研究市场的需求，提供畅销的、合理的旅游产品，处理好资源和市场之间的关系，才能使资源成为真正的市场吸引物，为冰雪旅游业服务。以冰雪旅游资源为基础的冰雪旅游业不能孤立存在，各自为政、单打独斗的模式都是不适合的，应根据当地特色，开发出适合当地特色的项目。例如，黑龙江省在开发冰雪旅游资源的同时，结合当地特色，开发出独具特色的项目，滑雪节、泼雪节、灯博会、江上景观大道，一个又一个充满创意的新项目相继诞生，冰雪资源开发项目越来越多。辽宁省沈阳市在黄金节期间把冰雪和温泉结合到一起；沈阳棋盘山冰雪大世界发展得非常好，皇寺庙会、沈阳故宫的皇家礼仪表演、冰川动物乐园的拜年活动，吸引了大量的游客游玩；大连的“烟花爆竹迎春会”，各地开展的秧歌会演、焰火晚会、灯展，以及吃农家饭、睡农家炕、到农村过大年等活动，都强烈地吸引省内外游客纷纷加入假日欢乐总动员。但我们也应注意到，冰雪旅游业发展中存在一定的问题，如冰雪旅游项目还具有很多传统型的特点，项目开发模式比较单调，特色项目较少，尤其是具备文化内涵的项目就更少。所以要针对各级市场，开发满足当地游客需求的具有区域特色的旅游项目。在冰和雪两大类别资源的开发上，鉴于冰雪资源的开发具有场地开阔、环境容量大、参与性强、惊险刺激等特点，为了更好地吸引广大冰雪旅游者的兴趣，可以适当考虑增加一些参与性强、价格低廉的旅游产品，以满足省内外旅游者对冰雪旅游不断增多的需求。此外，可以将冰雪体

育、冰雪艺术、冰雪民俗、冰雪生活、冰雪娱乐融入其中，在扩大产品深度和广度的同时达到创新的目的。可以将现代化的高科技技术运用起来，使传统与现代完美结合，让人们在感受古朴情趣的同时尽情享受科技的震撼和魅力。

（二）打造冰雪旅游资源基地

冰雪旅游业在经营过程中会依托各种冰雪资源的培育基地，它们在产业的发展中起到基础性作用，是发展冰雪旅游业的第一道工序。冰雪旅游业若想取得一定的成绩，还需继续完善和建设，打造更强大的冰雪旅游资源基地。

一是建设冰雪运动基地。建设一批国际滑雪、滑冰比赛场地，以及集观光与度假、体育与休闲、专业性与群众性、高中低档配套于一体的冰雪旅游基地和冰雪训练中心。

二是建设冰雪艺术基地。成立一批冰雪艺术团、冰上芭蕾舞团，造就一批优秀的国家级、世界级冰上舞蹈家，并使其成为冰雪运动和冰雪旅游的引领者与代言人。

三是建设冰雪装备工业基地。组建一批冰雪装备生产基地，如雪具、雪地交通用具和雪地服饰等生产企业。创立一系列冰雪旅游用品的名牌产品和企业，并把这些品牌推向国外。

四是建设冰雪旅游教育基地。建立融冰雪运动、文化与旅游于一体的专科学校和高等学院，聘请知名教授和专家来讲学授课，设立相关专业，专门培养冰雪艺术人才（如冰雕、雪塑、冰雪服饰设计等）、冰雪运动与表演人才（如冰上芭蕾、花样滑冰等）、冰雪运动人才（如冰球、滑雪、滑冰等）。

五是建设冰雪旅游研究基地。建立冰雪运动与旅游科研中心、规划中心、冰雪建筑设计中心、冰雪康体中心、医疗研究中心、冰雪运动与旅游信息网站等。

六是举办国际冰雪赛事和旅游节事活动。例如，举办国际冰雪节、国际冰雪运动大赛、国际冰雪论坛等活动。

（三）建设冰雪旅游基础设施

冰雪旅游不同于其他的旅游项目，有其自身的独特性，在配套设施和服务方面的要求不同。冰雪资源是气候的产物，气温在制造旅游资源的同时，也产生了劣势，即当地温度较低，尤其是一些南方游客，在室外运动之后，常常感觉室内温度低，因此要加强休息区和宾馆的保暖设施建设，加强对细节的关注，保障游客的住宿条件。此外，相关配套设施总量也需要加强。吃、住、行、游、购、娱是旅游业六要素，也是满足旅游消费需求的六个基本方面。综观国内外传统滑雪旅游接待地的住宿供给，食宿购物服务规模不宜太大，必须考虑到“半年闲”的特性，宜采用多种经营模式。在科学规划的前提下，鼓励私人建造和经营滑雪场的旅馆，发挥“船小好调头”的优势。滑雪场附近的民居亦可开办“农家乐”，在确保安全、舒适、卫生的前提下，为游客提供餐饮、住宿、娱乐、购物等“一条龙”服务。例如，滑雪运动是一项高强度体育运动，加之环境气温相对较低，运动者热量消耗大，滑雪场的餐饮服务应充分考虑到这些因素，合理配餐。滑雪场的购物服务应充分考虑到商品的纪念性和实用性，如冰雪旅游的旺季正好是山林产品和农产品收获后的季节，各类农林产品既有实用性，又有纪念性，应是重点销售的旅游商品。滑雪旅游接待地应设有雪具、雪服专营店和寄存场所。滑雪场的餐饮与购物设施应营造温馨的氛围，与室外的寒冷与单调的色彩形成鲜明的反差。

（四）培养高素质从业人员

21世纪的产业竞争，归根结底是人才的竞争，我国的冰雪产业能否跻身于世界强国之林，要看我们有没有一批精通冰雪产业的管理型人才，能否挖掘现有人才的潜能，没有人才保障供给，产业会变成空洞产业。在旅游界，旅游地的口碑很重要，好的口碑是靠好的服务创造的，而最直接的为游客服务的人就是导游了，导游的素质会直接影响游客对一个城市的印象。目前仍然存在部分冰雪旅游导游素质不高，冰雪专业知识掌握较少等问题，这给旅游城市的整体旅游形象造成了负面影响。对此，也应积极提高包括导游在内的从业人员的素质。

冰雪旅游相关企业可以从以下几个方面入手，以提高从业人员的素质。

1. 建立完善的培训体系

冰雪旅游相关企业应该按计划实施培训体系建设工程，坚持把培训工作摆在关系企业生存发展的重要地位，以完善规章标准、构建培训机构为重点，制订并完善培训计划、内容、资金、制度等，以完善培训体系，大力推进培训工作的开展。

2. 加大资金投入，提高培训经费使用效益

培训不是成本而是投资。有些企业在潜意识中，把培训投入看作是成本投入，是无偿的付出，能降低就降低、能省则省，因而对培训投入的经费实在少之又少，像“挤牙膏式”地拨付，有充足的经费才会用于培训。由于产业内人才流动性高，有的企业不愿意为别人“作嫁衣裳”，于是把培训转嫁到从业人员头上。有统计数据显示，培训投入产出比为1∶50，即对员工培训投资1元，可以产出约50元的收益。这在经济领域中，可以说是很高的回报率。冰雪旅游相关企业应该意识到，生产资料的一次性投入，往往只能得到一次回报，而培训投资，可以使培训人员多次利用。员工素质是企业的一种无形资产，是企业赖以生存和发展的坚实基础，企业为了使效益持续增长，应该把员工的培训投资作为常规投入，加大资金投入力度。国外持证上岗制度已把培训制度化、法治化，每个雪季结束后，从业人员都要参加专业培训。每个雪季开始，员工要参加专业技能考核和不定期的培训，已经使制度常态化。在加大资金投入的同时，冰雪旅游相关企业也要充分挖掘现有的培训资源，建立科学、规范的培训经费管理制度，加强对教育经费使用的监督，规范培训支出，提高经费的使用效益。

3. 培训内容、方式要多样化

培训的内容可以是按实操岗位分成的管理培训、经营培训、安全培训等，也可以是按层次来分的知识培训、技能培训和素质培训。知识培训就是让从业人员获得相应理论知识的培训。知识培训有利于从业人员理解概念，增强对新环境的适应能力，减少企业引进新技术、新技能、新设备、新工艺的障碍。技能培训是指实际操作能力方面的培训，技能一旦学会，一般不容易忘记。招聘新员工、采用新设备、引进新技术和新技能时都不可避免地要进行技能培训，因为抽象的知识培训不可能使其立即适应具体的操作，一般来说，也不可能不经培训就能立即操作得很好。素质培训就是能力方面的培训，在素质培训中特别强调能力和创新精神的培养。培训方式可以有内部培训、外部培训、出国（境）培训、企校联合办学和现代远程办学等多元化培训方式。在培训时间上可以是短期、长期、在职和脱产等。

4. 提高培训质量

质量是培训的生命。因为某些需要所以才要培训，培训就是要达到预期的目的，所以冰雪旅游相关企业必须除去华而不实的培训，对培训进行评估，努力提高培训质量，严格培训考试、考核管理，形成培训质量保障机制。评估内容要包括学员对培训班内容、教材、教师的评价以及学员的建议意见、学习体会等，同时还要建立教师对学员的评价制度。对评估质量优良的培训班次要推广经验，对质量较差的培训班次要予以通报，限期整改或取消。企业要加强职工教育研究，提高培训质量和效益，注重培训需求调查，科学设计培训方案，增强培训内容的针对性、实效性和吸引力。

5. 鼓励社会开办培训机构

冰雪旅游业专业人员的培养，不仅仅是产业内部的事，更是能推动经济和文化发展，是利国利民的大事，相关企业可以利用现有的学校和科研机构资源，开设各类短期培训，特别是在高校中设立相应院系专业，提高培训的科学性、权威性。开办冰雪旅游学校也是有效的培训方式之一，既可以培训专业人才，又可以普及冰雪相关知识，对拉动冰雪旅游产业的发展会起到更大的作用。

总之，培养高素质从业人员可以降低企业的人力成本，提高人力资源的潜能，做到人尽其才，达到效能最大化。冰雪旅游业的产业链从研发到销售，幅度宽、范围广，完备的人才保障机制会增加产业发展后劲，提高冰雪旅游业的核心竞争力。

二、经济高效型模式的保障措施

（一）培养冰雪旅游强势企业

培养冰雪旅游强势企业是发展冰雪旅游业经济高效型模式中比较关键的内容。对此，除了打造有特色的产品外，还需要构建有代表性的冰雪旅游景区、旅游企业，通过强势企业的带动来提升相关景区和企业的发展。要打造冰雪旅游强势企业，景区和企业就要结合政策环境、市场环境、社会环境的发展，要不断地进行管理创新和科技创新，努力提高自己的综合竞争力。

在管理创新方面，要针对不同冰雪旅游群体的需求，采用散票、联票、会员制等多元化的经营。开展丰富多彩的比赛，吸引更多的人参与其中。在冰雪旅游淡季，适当增加滑沙、滑草、攀岩等项目，增设健身中心、网球场等配套设备，

使冰雪场成为四季旅游胜地。积极推出冰雪旅游套餐，发展多元化复合型产品，把冰雪旅游、冰雪艺术、冰雪体育、冰雪娱乐、冰雪文化、冰雪经贸、冰雪研修、冰雪客栈等融为一体，增加吸引力，延长旅游者停留时间，提高食宿消费水平。注重环境的保护，通过生态环境多样性建设，保证冰雪场四季景美，如盛夏则开发成为避暑胜地，并以此带动冰雪景观房产的开发。

在科技创新方面，冰雪旅游业客观上可以建立与之相适应的开放、高效的科技开发推广体系和运行机制。

科技的创新需要从以下几个方面加强。①制定优惠政策，鼓励科研单位和高等院校走“产学研”相结合的道路，采取合作技术攻关或联合开发等形式开展服务，充分调动科研院所和高等院校从事科技开发、技术创新和科技服务的积极性。②将责权利相统一的竞争机制引入科研领域，采取技术开发、入股承包等形式进行科技服务，充分调动广大科技人员从事科研、实用技术推广和先进科技示范的积极性、主动性和创造性。③强化技术培训，提高广大干部和群众的科技素质。如利用培训中心、技术院校等阵地，采取短训、技术示范、技术讲座等形式，普及冰雪旅游相关知识和技能。

（二）提升旅游者和当地居民支持度

旅游者和当地居民的认知度和参与度是冰雪旅游业发展的基础。冰雪旅游的特点就是参与性和体验性，因此，旅游者和当地居民的认可和参与能够更加渲染冰雪旅游的文化及特色，并且增添冰雪旅游的魅力及吸引力。在冰雪旅游地附近居住的民众和从业人员是宣传与服务冰雪旅游的先锋军，冰雪旅游者最先接触的就是这些人群，这些人员对冰雪旅游的宣传和服务将使冰雪旅游者对这一地区的认识和感受加深，将促进旅游者更加广泛地带动更多的旅游者来到冰雪旅游地，从而促进冰雪旅游的发展。另外，当地居民对冰雪旅游的认知，可以促进居民对旅游景区的环境保护和监督，让环境保护的观念深入人心。在这种状态下，当地居民会通过旅游或者工作的方式参与到冰雪旅游业的发展中来，因此，旅游景区的管理者也要给予当地居民平等的机会和权利，帮助居民参与进来，建立起合理的机制，保障当地居民可以在冰雪旅游业的发展中获得更多的经济效益。除此之外，当地居民也有自我发展的需求，政府和有关管理部门要培育居民的自我发展能力，从而把当地居民的发展和冰雪旅游的发展充分地结合起来。例如，哈尔滨冰雪节的举办让当地居民成为参与者和工作者，将冰雪旅游建设同城市建设结合起来；同时，注重推广中小学校开展冰雪运动的课程，将群众性冰雪运动同学校教育结合起来，将群众性冰雪运动同群众性文化活动结合起来，将群众性冰雪运动同旅游、服务业结合起来，是宣传冰雪旅游业的有效方式。

旅游者的需求和旅游意愿也是促进冰雪旅游业发展的重要方面。旅游者参与冰雪旅游，是出于对冰雪的好奇，但是同时也应关注安全问题。从现实情况来看，我国冰雪旅游景区管理者安全意识相对淡薄，安全保障措施相对不足。例如，冰雪场的安全系数较低，缺乏应有的专业救护设备和救护人员，特别是危险地段缺少警告和防护设施，一旦发生意外，后果不堪设想，既影响企业形象，又不利于市场的培养与发展。对此，冰雪旅游相关企业要利用远程监控技术，实施对重点区域、重点景区、重点线路的全天候监控，布设安全呼叫系统、自驾车救援系统、散客救援系统等应急安全救援系统；建立旅游医疗与安全急救、旅游危机管理与游客反应快速应变双重旅游救援系统，提高在旅游经营管理中应对各种危机事件的信息传递和快速反应能力；建立各地旅游局、重点景区和旅游企业数据直报系统，让旅游者在旅游中不会因为安全问题而担忧，提升旅游者的旅游意愿，促进冰雪旅游业的可持续发展。

三、文化兼顾型模式的保障措施

（一）塑造冰雪旅游文化

旅游文化是由旅游者、旅游资源、旅游目的地或旅游企业形成的各种关系的总和。旅游文化是一种全新的文化形态，由吃、住、行、游、购、娱六大要素组成，作用于旅游活动的过程之中。旅游文化主要包括三个部分的内容。第一，旅游文化包括人们对旅游的理论研究成果，如旅游管理学、旅游心理学、旅游经济学、旅游文学等学科。第二，旅游文化肩负着改善旅游业服务、提高旅游形象和内涵的使命，因此需要旅游文化独具特色，与多学科形成融会贯通。第三，旅游文化在旅游者的旅游过程中给人以启迪和熏陶。冰雪旅游具有丰富的文化内涵，包括冰雪节庆文化、冰雪艺术、冰雪交通文化、冰雪饮食文化、冰雪娱乐休闲文化、冰雪建筑文化、冰雪科技文化等方面的内容，在实现冰雪旅游过程中，能够

满足人们的精神文化和道德需求。

冰雪旅游文化具备三方面的特点。①渗透性。冰雪旅游文化来源于社会生活，同时也渗透到社会生活的方方面面，并会对其产生消极和积极的作用。②普遍性。冰雪旅游活动和冰雪旅游项目的开展，必然会产生冰雪旅游文化的形成和融合。③交融性。冰雪旅游文化的产生过程是文化的交融过程，通过旅游者的旅游活动和与冰雪旅游目的地的相互交流来实现，也是文化的交融。

冰雪旅游文化形成的要素包括以下四项。①随着经济的快速发展，居民收入水平提高，人们的生活方式开始发生变化，越来越多的人开始追求精神生活。在这种背景下，休闲性和娱乐性构成冰雪旅游文化的要素。②冰雪旅游者在旅游活动中会体验参观、游览、疗养、滑雪、滑冰等项目，旅游者通过旅游感受到思想、道德、美学等文化现象，并体现了旅游者对精神文化的渴求。③冰雪旅游资源依托于特定的自然条件和地理环境，挖掘和塑造冰雪旅游文化就是冰雪旅游开发的中心内容。例如，东北地区独特的地理位置和地方文化、人们创造性的生活方式，造就了当地冰雪旅游特有的文化。④无论是国外的冰雪旅游者，还是国内的冰雪旅游者，都会带给冰雪旅游地不同的文化，不仅能够促进人们的交流和联系，也会促进文化的相互交融，形成多样性的冰雪文化。

冰雪旅游业需要在旅游中塑造和完善冰雪旅游文化，包括以下三个方面。①冰雪民俗的塑造。生活在冰雪自然环境下的各个民族都有其特有的日常生活习俗，这些生活习俗和冰雪旅游融为一体，既能够体现民族特色，也能够体现冰雪文化。②冰雪艺术的塑造。冰雪艺术来源于生活，同时又高于生活，并通过艺术性展示出来，如冰雪节庆、冰雪艺术表演、冰雪绘画、冰雪雕塑，冰雪摄影等，通过这些活动塑造出来浓郁的冰雪旅游文化氛围，会给旅游者带来全新的感受。③旅游者在旅游过程中，通过看到和听到及在生态与文化方面自觉意识到的冰雪旅游文化，成为塑造和完善冰雪旅游文化的一员，然后通过各种方式展示出来。

（二）传播冰雪旅游文化

如今，企业都在努力地发展品牌，提升品牌竞争力。冰雪旅游业在发展中也需要不断地打造品牌，若想打造旅游目的地和旅游产品的品牌，就要扩大冰雪旅游内涵，打造冰雪旅游形象。

一是可以利用媒体广告来提高品牌的知名度，打造冰雪旅游形象。要充分利用媒体广告进行宣传，媒体广告包括传统传播方式和网络传播方式。其中，传统传播方式主要包括电视、杂志、报纸等方式。网络传播方式是旅游者主要的收集二手资料的方式，选择何种旅游景区和旅游目的地主要通过网络得到。因此，网络关注成为打造旅游景区形象的重要方式。利用网络传播可以很快地宣传冰雪旅游形象，打造冰雪旅游知名度。

二是利用节庆活动提高冰雪旅游影响力。各地可以多利用节假日等特殊的日子举办冰雪旅游项目，增强特色，树立品牌。在节庆活动时加强个性冰雪旅游产品的建设，开发多样化、差异性的冰雪运动项目，如开办冰雕、雪雕学习班等，使旅游者在游玩中与冰雪产生互动，真正实现运动与健身融为一体，增强冰雪旅游的吸引力度，进而提升冰雪旅游品质。例如，东北地区的冰雪旅游已具有较高的知名度，未来的发展关键是如何经营品牌、保住品牌，并使之不断丰富和发展。品牌竞争不仅会给东北地区带来重要的发展契机，也会带来严峻的挑战。为了发挥品牌效应，旅游管理部门和政府相关部门应加大投入，集中财力、物力，根据市场需求的特点，制订可操作性强的宣传促销方案。例如，可以每年有重点地推出一两个旅游品牌，逐步扩大旅游品牌效应；也可以依托各种旅游资源、媒体和旅游交易会，搞好宣传促销，形成品牌效应，使东北地区的冰雪旅游品牌家喻户晓、深入人心。

三是利用娱乐节目提升冰雪旅游的社会影响力。娱乐节目是提升社会知名度和影响力的有效方式，包括与新闻界的沟通和联系，提高记者的报道和采访次数，创造吸引人的、有深度的、主题鲜明的有关冰雪旅游的文学作品；同时，可以举办各种专题活动、论坛，举办对社会有益的慈善活动，树立冰雪旅游企业的良好形象，提升品牌在公众心中的影响力。此外，进行冰雪旅游品牌宣传还包括公共关系、口碑营销、数据库营销等方式，每个方式都有优缺点，只有将这些方式有机地结合起来，才能最大限度地发挥各自优点，获得传播效果的最优化。

四、环境保护型模式的保障措施

（一）建立完善法规体制

政府的政策是一切行动的指导，好的想法和项目的推行需要政府的支持与扶持。冰雪旅游业发展需要政府的支持，保证冰雪旅游业的“资源—社会—环境”协调模式的顺利进行更需要政府的支持和干预，进而保障冰雪旅游业的可持续发展。随着市场经济的发展，政府需要转换职能，加强宏观调控和行业管理，规划

冰雪旅游市场管理，消除重复建设和恶性竞争现象。因此，完备的法规体制是规范市场经济发展的重要条件，建立健全冰雪产业的法规体制是发展冰雪旅游业的基石。冰雪旅游业法规体制的设定、实施、监督，会增加冰雪旅游企业发展的信心。冰雪旅游业涉及面较广，法规体制的设定只有充分考虑到经济环境、社会条件、人文因素等方面，才能保证法规体制对冰雪旅游业的约束力和支撑力，引导社会资金进入冰雪产业，保证产业的顺利发展。由于冰雪旅游活动具有较大的危险性和挑战性，所以要保证其安全性，保证旅游者的人身和财产安全，对此，需要加强政府监督机制，制定经营冰雪旅游企业的各项条件，严格按照标准进行审核。加强立法方面的工作，完善监督管理体制，在组织、制度、人员、监督方式和运行机制方面制定监督程序，有效维护冰雪旅游市场秩序，不但保护旅游者的合法权益，而且保证冰雪旅游企业的合法权益。另外，政府有关部门要系统收集关于冰雪旅游业方面的数据，并能够定期更新数据，以便更好地了解计划和战略必需的参数。冰雪旅游业信息管理包括宾馆、饭店、旅行社和旅游地的信息，只有掌握了相关信息，才能根据文化和旅游部门的政策、方针和当地实际情况做好发展规划，做好冰雪旅游市场的预测工作以及冰雪旅游业方面的宣传工作。

（二）加强环境保护管理工作

环境保护是我国一项基本国策，冰雪旅游活动的保护工作已经得到有关部门的高度重视，需要对环境保护进行合理管理。冰雪旅游资源的开发建立在生态环境的承受能力之上，保持冰雪旅游目的地的质量和满足旅游者需求，成为冰雪旅游发展战略的重要目标。长期以来，人们没有考虑冰雪旅游活动对环境造成的影响，人们对环境保护的意识较差，多注重经济增长，忽视环境保护，只追求局部利益和短期利益，盲目上马冰雪旅游项目，导致生态破坏和环境污染，最终将制约冰雪旅游业的进一步发展。很多居民和旅游者会错误地认为冰雪资源是“取之不尽，用之不竭”的，对冰雪资源缺乏正确的认识，不懂得应施以环境保护以及环境保护的方式和途径。在这种情况下，需要通过广泛的宣传教育，使国民充分认识到人与自然、人与生物、人与环境的关系，自觉遵守、自觉执行环境保护法律法规，使各级政府和社会公众充分认识到，只有做到旅游资源的开发与环境保护相协调，才能有效推动经济发展，真正做到经济效益、社会效益和环境效益相统一。

在冰雪旅游业发展中，需要对冰雪旅游活动地的环境进行保护，并应对其实施纯自然的、原生态的保护。按照冰雪旅游业生态建设的要求，需要吸取国内外在开发冰雪旅游方面的先进经验，避免对自然环境造成破坏。首先，在开发过程中，要制订合理的开发规划，实现社会效益、经济效益和生态效益的统一，对自然资源应科学地加以利用，不搞过度开发。其次，要培养当地居民和旅游者的环境保护意识，提升旅游者在旅游过程中的环保观念。环保观念的宣传要结合日常生活，通过各种媒体宣传或在城市建设中加以体现。例如，可以在路边的招牌上展示出保护环境的字样或者图片，给当地居民和旅游者以环境保护的提示。最后，在旅游者旅游的过程中，要加强关于环境保护的管理工作，对环境保护要形成应有的环境保护规划，充分了解市场需求，保护资源，避免造成资源的严重浪费。例如，在滑雪场中，要选择专业的技术人员和维护人员对滑雪设备进行维修和养护。与此同时，在冰雪旅游景区要构建专门的环境保护机构，专门配备专业的环境保护人员，制定完善的环境管理制度，提高环境保护人员的自身素质，为环境保护做好管理工作。

第四章 冰雪体育旅游产业发展

第一节 体育产业概述

一、体育产业的概念

从广义层面来看，体育产业是那些与体育相关的生产经营部门的总和，范围涵盖体育健身、比赛竞技、体育传媒、体育博彩、体育用品、体育服务等。从狭义层面来看，体育产业是生产和提供体育服务或劳动产品的企业，或者是向全社会提供各种体育服务的行业。

体育产业是一种新的产业形态，它随着社会经济的不断发展而出现，是由自给自足的模式向生产性、消费性、营利性组织运行模式转型的产物。用一句话说，体育产业就是体育用品生产和销售的企业的集合。

二、体育产业的分类

（一）体育本体产业

体育本体产业是体育产业的核心，是指根据体育自身特性而进行生产、服务的部门，是一种产业部门群。体育本体产业基于体育竞赛市场而形成。体育本体产业整合市场资源促进体育产业的发展，管理体育资源和体育赛事相关的业务资源。在体育本体产业发展的框架下，由于自身的属性和国内外市场环境的差异，在不同的赛事（包括竞赛表演项目）中建立不同的本体产业链有不同的方式。

体育竞赛市场是一个多层次的概念，研究的角度主要有纵向和横向两个。体育本体产业是由各种层次的体育运动比赛市场构成的。20世纪90年代初，随着我国体育项目管理体制改革的深入，体育竞赛市场有了长足的发展，实施了各种新制度并适应了商业化的发展，如出现了多个俱乐部和联盟，举办各种锦标赛、大奖赛，为各类体育竞赛市场提供培训等。

（二）体育相关产业

体育相关产业是指和体育有一定关联的，在其他产业中的生产和经营活动，与体育本体产业最大的不同在于，进行相关经营但并不归体育部门管理。这一类服务覆盖范围很广泛，包括运动场地的修建维护、各类体育器材的出租、训练服装的经营、运动功能性饮料和健身食品的销售、体育比赛中广告和媒体的经营与管理等。它是产品生产与服务部门相结合的横向递进关系结构。这一部分涉及的基本上是有形的实体产业，如体育用品、体育器材、运动服装、运动鞋帽等。

（三）体育延伸产业

体育延伸产业是指在体育产业的发展过程中与周围融合形成的综合性的行业集群，它们与体育有关，但并不与体育有实质上的联系，如最常见的体育彩票。这部分产业涉及的基本上是无形产品，它是一种产业网络，是若干产业链的纵横交错和延伸。

（四）体育边缘产业

体育边缘产业是指那些为了让主体产业获得更多利润而存在的，进行附属设施和配套项目建设与服务的产业。例如，为了更好地享受竞技体育比赛或表演，为人们提供餐饮、住宿、纪念品、明星卡等服务的产业。虽然这些业务内容不与运动直接相关，但它们也是体育产业环境的一部分。

三、体育市场

（一）体育市场的概念

体育市场是在整个社会市场体系中执行其特殊功能的子系统，它的概念有广义与狭义两种。

从广义上讲，体育市场是指体育产品交换的所有活动的总和。这不仅包括体育服务产品和服务的交换，还涉及产品的运动，如服装、饮料和运动器材以及体育基金、体育人员和其他运动的交流。

从狭义上讲，体育市场是指体育产品直接交易的地方，包括开展体育活动或监督体育活动，具有代表性的场所有体育馆、游泳池、健身房，以及各种收费的体育培训类课程。

（二）体育市场的要素

体育市场的要素包括体育消费者和体育消费水平。

1. 体育消费者

所谓体育消费者，是指那些购买消费体育用品的人，如看体育比赛和节目、购买运动器材和运动服装、参加健身活动的人。

2. 体育消费水平

体育消费水平是指按一定人口数量平均的体育实物消费资料和体育服务消费资料的消费数量。在一般情况下，体育消费水平可反映一个国家或地区的经济发展水平。

总之，体育市场的这两个要素是相互联系、相互依存和相互制约的，都是体育市场不可或缺的要素。

（三）体育市场的特点

体育市场具有其相应的特点，具体来说，主要体现在三个方面——实物消费品市场、体育服务消费品市场和体育要素市场。

1. 实物消费品市场

实物消费品市场是指能给消费者提供所需的物理运动、物理形态的消费品的市场。一般来说，实物消费品市场有以下特点。

（1）市场供应应根据消费者的需求有所变化。例如，职业体育的消费要求较高，而业余要求较低。所以，制造商应该将不同的市场需求作为开发各种消费品的关键和基础。

（2）市场需求具有周期性的特点。例如，某项运动可能会在某个特定区域或者特定时间进行。此时，对某些设备和产品的需求将相应增加，而流行期结束后，这些市场需求又会减少。因此，实物消费品市场的管理者应该及时捕捉市场需求信息，使生产的商品适销对路。

（3）消费者人数多。参加运动和体育锻炼的人大多都需要一些体育器材，如运动服装和运动器材。这些体育器材属于运动消耗品。而我国的体育消费者人数众多，对实物消费品的市场需求也就较大。

2. 体育服务消费品市场

体育服务消费品市场不提供实物产品，其特点主要表现在以下几个方面。

（1）波动性。受外部或主观因素的影响，一个国家和地区的体育服务消费品市场的需求总是会有一定的波动性。这种不稳定与一个国家或地区人们的兴趣爱好和社会文化有着一定的联系。相关管理者只有理解并掌握这一特点，才能达到事半功倍的效果。

（2）不平衡性。体育服务消费品的社会需求在很大程度上受社会生产力发展水平和经济发展状况的影响。总的来说，在经济相对发达的地区，人们对体育服务消费品的市场需求更大；在经济相对落后的地区，人们对体育服务消费品的需求相对较小。

（3）一致性。体育服务消费品在时间和空间上具有一致性。其原因主要在于体育消费品生产商的生产过程也是消费品消费的过程，并且是买家、卖家、制造商和消费者共同参与的过程。因此，相关管理者应充分考虑两个方面：一方面是消费品的数量和质量，另一方面是体育消费者在交通和时间上的便利性。

（4）差异性。市场对体育消费品的服务需求会随时间不同而变化。通常而言，节假日对体育消费品的服务需求相对较大，天气和季节变化也会对其产生一定的影响。比如，消暑型的体育消费品（如水上乐园、游泳池等）在夏天的需求相比冬天来讲更多；而冰雪体育的服务需求肯定是冬天比夏天更多。

第二节　冰雪体育旅游概述

一、冰雪体育旅游与可持续发展理论

（一）可持续发展理论

“可持续发展”不只是保证当今所需能够得到满足，还可确保今后世世代代的发展所需。可持续发展是处于动态变化之中的，在整个过程中，资源的配置、技术的发展等都处于不断协调中，并且能够增强现在和今后满足人类需求的潜力。

1.基于自然学科的定义

生态学家率先提出了“持续性”一词，其初始含义为“生态持续性”。目的是强调保持自然资源及其开发利用之间的平衡。自然学科将“可持续发展”定义为保护和增强环境系统的更新能力与生产能力。该概念确定了可持续发展必须是在环境系统更新能力范围之内实现的发展，而不能超出这一范围。

2.基于社会学的定义

社会学将“可持续发展”定义为，生存于维持生态系统涵容能力之内，即在不超过这一能力的范围内促进人类生活品质的不断改善。该概念中明确了人类可持续发展应当遵循的基本原则。

3.基于经济学的定义

经济学将“可持续发展”定义为，在确保自然资源及其所提供服务的质量得以保持的基础上，使得经济发展净利益达到最大化。可持续发展意味着今天的使用不会使未来的实际所得减少。这种发展在为当代人创造更多福利的同时，不会导致后代人的福利受损。

4.基于科技学的定义

科技学将“可持续发展”定义为使用更加清洁、更加高效的技术，或尽量密封式或是零排放的方法，使得其他自然资源所发生的损耗能够尽可能减少。

5. 综合性定义

综合来看，可持续发展是社会、经济、环境、人口、资源等的共同发展、协调发展，目的是不仅满足当代人的需求，还可保证不会危害后代人满足其需求的能力。可持续发展主要包含经济可持续、生态可持续、社会可持续。这三个方面在整个可持续发展系统中是高度统一的，每一个都不可忽视，确保在追求经济利益的同时，充分考虑社会公平以及生态保护，并在此基础上，促进实现人类的全面发展。

（二）旅游业的可持续发展

以往旅游业被认为属于无烟产业，然而，伴随着全球旅游经济的飞速发展，旅游开发带来的生态问题、资源问题日益凸显。当前，国内外都围绕旅游可持续发展问题展开了深入的研究，众多学者基于可持续发展理论，从多个角度针对可持续旅游展开了研究。目前，关于旅游可持续发展的概念界定，国外比较具有代表性的一种定义是：在生态完整性与文化完整性得到维持的基础上，使人们在经济、审美、社会等方面的需求得到满足，不但能够为当代人带来收益，而且可增进后代人的利益，确保后代人能够获得相同的机会。

旅游业的可持续是将可持续发展理念运用到旅游领域，因此，可持续发展的基本内涵在旅游业可持续中得到了保留。旅游可持续同样注重代际公平问题，指的是当代人与后代人、当代人之间等在进行旅游资源的分配时应当做到公平，因为旅游资源是有限的，所以资源分配是十分重要的。不能以牺牲、破坏旅游区的生态环境为代价，来满足部分旅游者的需求；当代人也不能以牺牲、损害后代人在旅游资源利用上的公平机会为代价，来满足自身发展。此外，旅游业的可持续发展还突出了必须重视保护环境、保护资源，必须是以生态环境的可承载能力为基础来开发与利用旅游资源。旅游资源开发与生态环境协调，是分析旅游业是否实现可持续发展的首要标志。环境承载能力是判断旅游业能否实现可持续发展的重要参考指标。可持续发展，要求是在环境承载能力范围之内实现的发展，确保可更新资源的使用速率不会超出其再生速率，对于不可更新资源，确保其损耗速度低于作为替代品的可更新资源的速度，唯有如此，才可确保自然资源的永续。

除此之外，旅游可持续还突出强调了经济发展应当以保护为前提。特别是在那些以旅游产业为国家支柱性产业的地区、国家，应同时兼顾环境保护与经济增长，经济增长了，国家才能够为旅游区的环境保护投入更多的资金，可持续发展才可落实。

（三）可持续发展理论对冰雪体育旅游的指导

1. 冰雪体育旅游与经济、人、社会、自然保持协调发展

依据可持续发展理论，不可将经济增长理解为某一方面或某一局部的发展，单纯的国内生产总值或人均国内生产总值的增加与发展并不是等同的。发展应当是全面的、协调性发展，即社会、人类、自然、经济等协调发展。这样的发展，不只是实现了对人、对自然以及对社会各项资源的充分利用，还为促进与实现人和社会的可持续发展提供了重要条件。可持续发展强调发展不应当以局部的、短期的利益为追求目标，而是将长远的、整体的、系统的效益作为发展的追求目标。按照可持续发展观，通过今天的发展能够为未来创造更好的发展条件，提供更大的发展机会；可持续发展观强调必须提高资源的利用效率，确保有限的自然资源得到合理的运用，开发、利用资源的同时必须注重资源的保护以及生态平衡的维持。生态旅游的发展不应当以牺牲生态环境为代价，而应当通过生态旅游活动使得人们的环保意识增强，在参加旅游活动时更加重视环境保护。

2. 注重当地人的参与以使人的发展与社会进步相一致

按照可持续发展理念，所谓人的发展，指的并不是少数群体或者世界上少数国家和地区的部分人的发展，而是所有人的发展，不论是经济发达的国家和地区，还是经济发展相对落后的国家和地区，所有人都可享受平等的发展机会。人的发展指的并不只是当代人的发展，而是包括当代人与后代人的持续发展；不只是要求人的物质需求能够得到满足，还要求人们在精神层面的需求能够得到满足，是人的全面发展，使人在智力、体力等各方面的潜能能够获得充分展现。人的发展，是持续发展观的核心，而经济增长也只是为实现这一目标所采取的手段。而且，人与自然之间的关系、人与人之间的关系是决定人类生存条件、生活质量水平的重要因素。在开展冰雪体育旅游或者进行设计时，应当考虑到当地人

的参与问题，在追求人的发展的同时注意保护当地的人文与自然景观，保护生态环境，促进人与自然的和谐发展，使人的发展与社会进步相一致。

3. 重视保护文化是大自然生存文化的具体体现

判断人类社会进步水平时，文化是非常重要的因素，发展观也需要以一定的文化来体现。20世纪后期，在人口、能源等方面出现的危机，反映了单纯科学文化的不足，而迫使人们从理解自然的角度来认识文化。在此基础上，经过不断发展，人们提出了“绿色发展”理念、“可持续发展”理念。冰雪体育旅游发展正是可持续发展观的一项具体实践活动，更是强调人与大自然的和谐共生的发展。

因此，在冰雪体育旅游发展的过程中，应时刻将可持续发展观作为指导思想，正确处理旅游环境承载力约束问题，充分考虑资源环境的承载力、经济承载力以及社会承载力等，以确保人类在资源使用上享有公平机会，对于那些注重开发而忽视保护、过度追求短期利益而忽视长远利益以及只开发而没有保护等现象，需要从市场、意识等多个角度入手明确旅游可持续发展的结合点，正确处理开发力度与容量之间的关系，在各要素之间建立平衡关系，促进实现冰雪体育旅游的可持续发展。

可持续发展观的本意是强调保护环境、保护大自然生态化，同时，积极发展经济，增强社会稳定。而且，该理论还要求摒弃以往的“先污染，后治理”的发展道路，寻求绿色发展，即对向自然索取的速度与自然本身恢复的速度进行调整，走两者相平衡的发展道路。冰雪体育旅游的发展模式将人和社会的共同发展作为目标，重视人、自然以及社会之间的协调发展，这些都满足可持续发展观的要求。因此，可持续发展理论为冰雪体育旅游发展提供了理论依据。

二、冰雪体育旅游内涵的界定

（一）旅游的定义

从字义上理解，“旅”的含义为外出、旅行，指的是为了某一目标而在空间上由此地到彼地；“游”的含义为娱乐、观光、游览，指的是为了娱乐、观光等

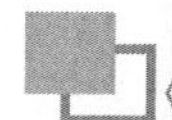

而进行的旅行。“旅游”就是二者的结合，是一个较为宽泛的概念。

旅游是在一定的社会经济条件下形成的，是一种人们以游览为目的的非定居者的旅行，以及暂时居留而引发的所有现象与关系的总和。旅游是一种短期的、特殊的生活方式，其主要特征是业余性、享受性以及异地性。

（二）冰雪体育旅游的定义

目前已有不少专家学者从不同的角度对冰雪体育旅游进行了定义。

1. 从旅游学原理角度定义

冰雪体育旅游属于一种体育旅游，因此，可结合体育旅游的概念与现代旅游学理论，将冰雪体育旅游界定为：参与冰雪体育旅游的旅游者利用冰雪开展的各种体育赛事、康体活动、体育文化交流活动等与旅游地、旅游企业以及社会间关系的总和。还可理解为，为了保证冰雪旅游者的各种需求能够得到满足，利用多样化的体育器材、冰雪体育活动，使得冰雪体育的功能得到充分发挥，促进实现旅游者身心的和谐发展的旅游活动。

2. 从旅游活动内容角度定义

此种方法是从广义与狭义两个角度来定义冰雪体育旅游。从广义层面来看，冰雪体育旅游指的是冰雪体育旅游者利用各种冰雪资源而进行的各种体育竞赛、身体娱乐、体育文化交流等活动，以及在这个过程中由此而形成的旅游地、旅游企业与社会之间的各种关系的总和。从狭义角度来看，可将冰雪体育旅游理解为，为了使旅游者的冰雪体育活动需求得到满足，借助多样化体育器材，使冰雪体育的各项功能得到有效发挥，以促进旅游者身心的和谐发展，进而推动整个社会文明程度的提高，使社会文化生活得到极大丰富的一种社会活动。冰雪体育旅游是依托冰雪气候资源这一载体来实现的，其主要内容是以冰雪运动这种形式来娱乐旅游者的身心。冰雪作为实现冰雪体育旅游的载体，是其一大突出特征。冰雪体育旅游将旅游资源与冰雪体育运动结合起来，并在此基础上，基于观赏体育竞技赛事或者是参与体育健身活动而以旅游活动这种形式开展的冰雪体育活动，属于一种综合性活动。冰雪体育旅游的参与者是基于非营利目的，围绕冰雪体育活动而开展的逗留、旅行活动，及因此而引发的各种关系的总和。冰雪体育旅游的旅游者的行为目的主要是参加冰雪运动、冰雪体育活动，是体育和旅游相结合的体现，也是一种休闲式体验冰雪文化的方式。通过冰雪体育旅游，旅游者能够体验冰雪文化、冰雪民俗、冰雪健身运动等，由此而产生一种新鲜感。

3. 从属性范畴角度定义

冰雪体育旅游是冬季旅游的重要组成部分，是以冰雪气候旅游资源为主要的旅游吸引物，其主要表现形式为冰上运动与雪上运动，旅游者在这一过程中不仅可以愉悦身心，还可以锻炼身体，它属于健身娱乐过程。从冰雪体育旅游所依赖的自然资源角度来看，冰雪体育旅游应当归入生态旅游范畴。从狭义角度上看，它是为满足旅游消费者对冰雪体育旅游的各种需求，借助冰雪体育的相关器材，使其诸多功能得以充分发挥，以使旅游者感到身心愉悦，促进旅游者的健康发展、和谐发展的社会活动的总称。从运动旅游范畴来理解冰雪体育旅游，其最为突出的特征是游客以运动的方式参与冰雪旅游活动，并在冰雪运动的体验中感受到挑战、刺激等，从而保持其身心愉悦。

4. 从旅游目的角度定义

参与冰雪体育旅游的游客的目的就是参与冰雪体育运动。冰雪体育旅游产业是一个新兴产业，也是体育旅游中的重要组成部分。冰雪体育旅游指的是人们基于对冰雪体育的需求，参与冰雪体育运动，并使得自己的身心感到愉悦，或者在某一方面的体育竞技能力得到提升、文化生活进一步丰富等的一种旅游方式。

5. 从产业、文化、社会综合角度定义

冰雪体育旅游的首要目的是从事冰雪运动，这种活动是在自然环境下，依托冰雪资源开展的各种与体育相关的身体与文化活动。其主要构成为旅游者、旅游地等，并且这些要素彼此之间相互作用，由此而产生了一种文化、经济、社会现象。冰雪体育旅游使得旅游与体育实现了有机结合，形成了综合健身、娱乐、旅游等多方面因素的多元化的体育旅游市场。冰雪体育旅游指的是在旅游中，旅游者利用冰雪而开展的各种体育赛事、身体娱乐等活动，以及在这一过程中，旅游地、旅游者、旅游企业与社会彼此之间互相作用所形成的各种关系与现象的总和。

结合上述分析能够发现，由于研究视角的不同，目前，对于冰雪体育旅游还没有形成统一的概念界定。经过综合分析，将冰雪体育旅游的含义概括为以下三方面。

第一，冰雪体育旅游是体育旅游的一个重要分支，是冰雪运动不断发展的产物，是旅游发展到一定阶段后，旅游业与冰雪体育产业交叉形成的新型旅游形式。

第二，它以冰雪场地设施、科研与产品、历史与文化、体育产业和管理经验等冰雪旅游资源为吸引物，经过宣传与推广，突出冰雪资源的吸引力，并将其转化为体育旅游资源。

第三，它是融休闲娱乐、强身健体、感受刺激、体育赛事、体育欣赏与体育文化交流等活动为一体，来满足旅游者的求知、求新、求奇等旅游需求，从而实现经济、社会、文化、管理等目标的一种专项体育旅游活动。

三、冰雪体育旅游的价值

（一）冰雪体育旅游的社会价值

1. 有助于增进国民身心健康，提高国民生活质量

作为人类社会文化的重要组成部分，冰雪体育旅游具有人类文化的本质特征，同时还有其特异性特征。冰雪体育旅游的活动内容自身以及其开展活动的外部条件共同决定了冰雪体育旅游是具有其独特性的。就其外部条件来看，主要指冰雪体育旅游资源，特别是其自然资源，这既是吸引游客的重要因素，也是冰雪体育旅游与一般体育活动的主要区别。这些外部条件包括大山、河流、湖泊、温泉、沙滩、森林、阳光等。游客在这种优美的自然环境下能够保持舒畅的身心，有助于增强身心健康。在这种环境下参加体育活动所产生的愉悦感能够起到振奋精神、消除烦躁、舒缓身心、陶冶情操的作用，是在现代城市环境下参加体育活动所难以比拟的。因此，冰雪体育旅游在促进身心健康、陶冶情操、提高生活质量等方面发挥着重要作用，有其独特价值。

2. 有助于加强国际友好往来，加深国际合作

现代冰雪体育旅游的快速发展与日益普及，吸引了越来越多的游客参与其中，有助于消除来自不同国家、民族、文化的人们之间的隔阂、冲突与矛盾，使得全球各族人民能够友好往来，互相学习、互相尊重，建立国际友谊，促进世界和平。关于冰雪体育旅游的这一功能可从冬季奥运会的影响上得以体现。在促

进、加深全球各民族之间的文化交流与融合上，冬季奥运会所发挥的作用是非常巨大的。体育运动在全球各个国家和地区都是十分普遍的，在人类社会中有着普遍价值，冬季奥运会正是借助冰雪体育运动来为各民族的沟通提供了工具，使得所有人都在体育精神下，聚集起来共同参与体育竞赛。

（二）冰雪体育旅游的经济价值

冰雪体育旅游的发展是随着社会文明程度的发展、进步而形成的一种新的、综合性产业，而且正在逐步成为推动现代旅游业、大众体育发展的重要力量。

1. 增加国家创汇，保持国际收支平衡

在市场经济环境下，世界各国之间的往来本质上是以货币为媒介通过市场进行商品交换。在对一个国家的经济实力以及国际支付能力进行判断时，国家外汇储备规模属于重要的判断指标。故此，应当积极开辟创汇渠道，加强本国与其他国家的交流与沟通，提高本国的外汇收入、国际支付能力，以不断增强国家的综合经济实力。

发展冰雪体育旅游可为国家带来更多的外汇收入。对于这一点，可从发达国家旅游业发挥的作用来体现。在一些发达国家，冰雪体育旅游业所带来的外汇收入是十分可观的，主要是因为该产业的服务产品有着较高的附加值，体现在旅游者可获得体育健康、体育医疗等方面的服务和指导，即冰雪体育旅游所提供的产品含有文化因素、教育因素以及休闲娱乐因素等，决定了其服务产品有着高附加值。

2. 加快资金回笼速度，平衡国内供求

当前，国内外旅游总人数出现了大幅上涨，并且将近一半的人都是出于休闲、游览、健身等目的。冰雪体育旅游能够刺激居民消费，使得消费领域进一步拓宽，以促进人们转变以往的消费模式与消费观念，确保人们对健康、审美、体育运动等方面的需求能够得到很好的满足，还有助于优化城乡居民的消费结构，加快资金回笼速度，平衡国内供求。

3. 为社会提供了大量就业岗位

冰雪体育旅游行业属于具有综合性特征的服务行业，主要是提供劳务服务商品，以满足游客在冰雪体育旅游活动中的各方面需求。因此，该行业的发展将会

为社会带来更多的就业机会，吸收更多的劳动力。事实也表明，冰雪体育旅游业在为社会提供就业机会上有着非常重要的作用。

4. 促进改善投资环境，推进对外贸易合作与交流

冰雪体育旅游者不只是有体育领域的相关专家，还有其他领域的专家，他们之间的交流丰富了彼此的信息，使得我们能够加强和外部世界的相互了解。同时，能够加深国外的游客对中国投资环境的了解，能够进一步促进双方的合作与交流，有助于建立良好密切的合作关系，促进中外在科技、文化等多个领域的发展融合。并且，这种民间友好交往可作为官方渠道的有效补充，为对外贸易合作与交流发挥重要作用。

（三）冰雪体育旅游的人文价值

1. 了解国家的传统文化，具有良好的人文教育作用

冰雪体育旅游在加强人们的沟通、相互往来、互相学习等方面发挥着桥梁作用，也是联系国家和各民族优秀传统文化的重要纽带，并且在普及人文教育、消除区域矛盾等方面都有着非常重要的作用。

2. 有助于弘扬民族传统文化和提高资源的利用

各民族由于所生活的文化环境、经济环境等方面的不同，而逐渐形成了不同的民族文化，并且都有其独有特征。冰雪体育旅游属于体育文化的重要组成部分，凭借传统民族文化所具有的独特魅力来吸引来自不同国家、不同地区、不同民族的游客，以此来加深各国、各地区、各民族之间的文化沟通。而这种沟通方式促进了民族传统文化的进一步传播，使民族传统文化的功能得到更好的发挥，有助于弘扬优秀的民族传统文化，如中国的功夫、舞龙等，将会依托冰雪体育旅游而向全世界传播。

3. 有助于科学技术的传播与交流

冰雪体育旅游不只是一种文化现象，还发挥着文化载体的作用。冰雪体育文化还为社会文化的交往和沟通发挥了媒介作用，对科技的传播与交流同样有着重要作用。并且，在现代冰雪体育旅游业的发展中充分运用了各种科技手段，来促进产业发展，为社会提供服务，这个过程也加快了科学技术的传播。因此，现代冰雪体育旅游不只是从先进的科学技术中受益，还成为传播科学技术的重要方式，能够进一步促进科技发展与进步。

四、冰雪体育旅游的功能

（一）通过体验实现补偿、满足的功能

1. 冰雪体育旅游体验的内涵

体验，属于个人的经验过程与结果，因此，体验是别人无法替代的，仅有自己才可体验发生的事情。此外，在一定程度上，体验的过程是可以被推动、组织、引导的，即有一定的可驾驭性。可通过创造良好的条件来推动这个过程尽量向着我们所希望的目标转变，而不是向着消极、病态或者是违背社会的方向发展。

体验，实际上是一个心理过程，在这个过程中实现了对生命、生活的建构与解构。可将旅游体验视为人们面对现实的困窘时作出的积极应对，为了解决、摆脱这种困窘，旅游者追求本真的体验。旅游体验的作用不只是体现在个人上，对于整个社会，旅游体验都有着非常突出的作用。不同的个体所需要的体验也是不同的，而不同的体验对社会和个体带来的影响、产生的意义也是不同的。

综上所述，很难对体验做出统一的定义。因为不管是哲学家还是心理学家在对体验进行阐述时，都是基于其专业视角展开的。不过结合上述分析能够发现，他们对体验的阐述存在一个共同之处，即都提出在终极价值上，体验是对平庸的超越，也是生命的礼赞、人性的回归。按照他们的观点，对于消费者个体来讲，旅游体验不仅包含娱乐因素，还有求知因素，具有多种功能。

因此，冰雪体育旅游体验是利用体育这一介质实现的一种对常规体验的挑战或否定，存在于社会中的部分群体，并且热衷于追求冰雪体育的体验与生命的价值的群体，这部分群体希望在冰雪体育活动中来表达自己情绪发散的一种倾向，以及那种在和谐平衡中无法得到的生命本性的张扬。基于某种角度来分析，这也是一种追求个性的自由、回归原始的体验。整个过程可能会带来疲累，但是通过这种体验，个体可从中感受到自己与世界完全融合的畅爽体验。

2. 获取畅爽体验

现代社会，一些群体热爱冰雪体育旅游、追求畅爽体验的现象是存在其社会

文化背景的。当代都市人面对巨大的生活和工作压力，为了能够解放自己、获得人性上的自由，开始将兴趣转移到体育活动中，由此，使得冰雪体育旅游受到了越来越多人的青睐。城市生活相对单调、枯燥，为了摆脱这种束缚，越来越多的人倾向于选择冰雪体育旅游，尤其是那些爱好体育的年轻群体，并且使其逐渐发展为一种时代潮流。

人们在冰雪体育旅游过程中，一方面会不断寻求超越自我，另一方面会努力实现对本我真性的认同与坚守。可以利用审美过程来实现这些目标，也可以选择体验或者是通过极端体验来实现。在这个过程中，人们可能进入一种暂时的忘我或者是沉醉的状态中，而这种体验、这种状态是利用大众体育旅游所无法获得的，这种畅爽体验也是人们的追求，是人们的消费偏好得以满足的时刻。除此之外，冰雪体育旅游还会使参与者从中获得身心的补偿。

参加冰雪体育旅游的游客有一些是为了实现对自我匮乏的补偿。一旦人们的心理和生理结构失衡，就容易产生焦躁、不安等情绪。个体处于这种张力状态下，会想方设法地去解决，寻求化解途径。而冰雪体育旅游活动有着与大众体育所不同的独特的运动属性，能够帮助人们缓解这种压迫感，调整其失衡状态。人们在参加冰雪体育旅游的过程中可使人性、人格与人体重新归于平衡，由此，实现了对自我心理与生理匮乏的有效补偿。

当然，这种补偿可能表现为多种形式，可能体现在人际关系方面，也可能体现在身体机能方面，还可能表现为环境认知等。冰雪体育旅游属于一种休闲活动，与劳动是相对的。对于个体来讲，休闲和劳动所带来的心理与生理上的感受是截然不同的。冰雪体育旅游是欢快、休闲、刺激的，参与其中的人感到自己置身于一个全新的世界。个体处于这种原始、宁静的环境，观赏或参与到各种刺激惊险的或是让人沉醉其中的高难度体育活动中，将会给旅游者带来前所未有的畅爽体验，由此，使身体机能以一种自然的状态得到调整，实现自我的回归。

3. 满足消费空间的分化与符号消费偏好

消费社会学的研究结果显示，消费空间的分化是消费分化中最为明显的一个方面。消费者的收入水平、社会地位及其消费观念都会对其消费行为产生影响，也因此，在经济收入、社会地位等方面存在差异的个体，所形成的消费中心也会有所不同。因为消费中心不同，消费环境、场所带来的消费体验也会存在明显区别。故此，在现代消费中，如消费空间、消费环境等都属于非常重要的影响因素。而消费空间为商品的附加符号，消费空间自身也是一个消费符号。随着消费空间成为附加符号，更加凸显了其分类功能。

现代城市是一个空间层面形成的社会实体，而部分是社会学意义上形成的空间实体。这一点表明，社会意义是空间自身最开始就具有的特征。故此，各消费场所自身就具有空间分化的功能。空间在社会关系的演变中所发挥的作用并不只是静止的平台、容器，社会空间处于变化之中。基于这个角度来讲，可将社会空间理解为空间的等级。

实际上，中国的体育消费空间受到消费理念、经济等诸多因素的影响，已经出现了十分明显的层次区分。可将消费空间分为两种，即私人消费空间与公共消费空间，而冰雪体育旅游消费属于公共消费空间。对体育旅游的发展历程进行分析可发现，冰雪体育旅游消费空间的内涵、结构等和社会关系、社会过程存在着十分密切的关系。实际上，体育旅游消费空间出现了分化与区隔。而在不同的区隔空间所联结的消费群体也会存在差异。经过多年的演变，冰雪体育旅游消费的内涵也在不断发生变化，并且其内涵已经不再是简单的体育旅游行为，它已成为社会高阶层人士所偏好的旅游方式，而不再是日常体育消费的内容。当代社会中，冰雪体育旅游者也正是利用区隔消费空间，来使自己的符号消费偏好能够得到满足。

根据人类文明的进化史分析，可以将冰雪体育旅游视为一种融合了文化、艺术以及经济行为的综合体。冰雪体育旅游产品不只是具有普通产品的价值，还具有很大的附加值。

（二）优化产业结构的功能

冰雪体育旅游有助于体育旅游产业结构的进一步优化，并能使我国体育旅游业获得更好的发展且日益壮大。结合实践情况来分析，在整个体育旅游产业体系中，冰雪体育旅游发挥着非常重要的作用。这是由于无论是对于消费者还是对于国家，冰雪体育旅游的影响都不是直接实现的，而是通过对整个产业结构的优化来间接地对国家、个人产生影响。

一般认为，旅游产业结构是指旅游经济中各地区、各经济成分、各部门以

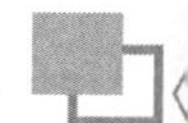

及各环节的构成与彼此之间相互牵制、相互联系的关系，主要包括产品结构、地区结构、行业结构等。而体育旅游产业结构可以界定为围绕体育运动的旅游业内部，各行业间的经济和技术的联系与比例关系。按照该定义，明确了体育旅游产业结构包括地区结构、产品结构、组织结构、行业结构等。同时，体育旅游产业结构会因为受到多种因素的影响而发生变化。研究结果显示，体育旅游的产业结构因为冰雪体育旅游的兴起发展而发生了很大变化。部分群体对体育旅游产品的多元化需求促进了冰雪体育旅游产品的产生，这也是体育旅游产品升级优化所导致的。另外，冰雪体育旅游将会推动体育旅游产业结构的优化发展。其一，体育旅游业的市场需求存在着较大的自发性与随意性，市场机制是调节供需的主要方式，因此，其市场导向特征十分明显。我国国民经济获得了快速发展，经济体制改革逐步深化，人们对体育旅游产品提出了更高、更多元化的需求。于是，在这种背景下出现了冰雪体育旅游消费需求。其二，很多地方政府都认识到发展冰雪体育旅游的重要意义，因此，投入了巨大的热情来进行规划、设计，为该新兴产业的发展投入了大量资金，也会对体育旅游产业结构造成一定影响。基于市场经济运行机制，任何产业的发展都需要投入相应的生产要素，而市场中的生产要素会流向那些能够带来更高收益的部门。对比大众体育旅游，冰雪体育旅游能够创造更好的收益，能够吸引大量的生产要素。如此一来，这种生产要素的大量投入也会对体育旅游产业结构及总量造成影响，还会对其内部结构与运行效率造成影响。

由于不同地区所具有的资源禀赋存在差异，因此，冰雪体育旅游资源呈现出不均匀的分布特征。那些资源条件并不是很好的地区，在该产业的发展上会遇到较大的困难，而那些有着资源优势的地区，则能够得到更好的发展。然而，面对日益多元化的冰雪体育旅游消费需求，一些地区开始加强对冰雪体育人文旅游资源的开发和利用，使冰雪体育旅游产品得以进一步丰富。从经济学角度来分析，产业结构的优化是在某种措施下通过对产业内各行业的发展速度、水平、规模等以及各行业之间的联系进行调整，使之发生变化，使得产业结构更加合理化而实现的。而上述这些地区所采取的行为，使得冰雪体育旅游业的发展具有了更加明显的多元化特征，体育旅游产业结构得以优化，体育旅游业的宽度得到了极大的拓展，体育旅游产业也得到了更加深入的发展。

（三）促进产业集聚的功能

冰雪体育旅游所发挥的促进产业集聚功能，指的是冰雪体育旅游行业与其相关行业的聚集、优化的实现过程。产业集聚是随着产业发展到一定阶段而必然会出现的产物，反映了为了使人们消费冰雪体育旅游产品的需求能够得到满足，围绕体育旅游企业，通过提供各种冰雪体育旅游技术、产品、资金，围绕各生产要素的优化组合而形成的包括旅游餐饮行业、购物行业、交通行业等配套产业间的产业链关系与集聚水平。对我国冰雪体育旅游的发展情况进行考察能够发现，冰雪体育旅游产品的开发与销售，使体育旅游产业的产品结构得到优化，地域结构也得到优化。也正是基于这些优化，进一步增强了冰雪体育旅游产业的集聚效应，聚集了越来越多的相关产业，使得我国体育旅游产业的规模实现了壮大发展，整个体育业也在这种集聚效应的影响下不断壮大。

1. 完善产业结构，提高劳动生产率

不管是哪种产品，其开发与销售都需要多个部门密切配合才可实现。对于冰雪体育旅游产业而言，所提供的主要是冰雪体育旅游产品与服务，该产业具有综合性特征，因为其涉及多方面的旅游要素，包括餐饮、住宿、观光、运动等，而这些旅游要素彼此之间存在着十分密切的联系，围绕旅游者的消费行为，通过高效合作使旅游者能够获得更加高质、更加具有针对性的高端服务。故此，由于冰雪体育旅游产品的构成要素具有多元性特征，决定了其集聚范围是非常广的，即具有很强的集聚效应。可将该产业的集聚作用总结如下。

第一，聚集那些直接从事冰雪体育旅游产品和服务供给的企业，主要包括宾馆、冰雪体育旅游景区、快速交通等，使得提供这些产品和服务的企业彼此交叉、互相融合。

第二，聚集那些直接为消费者提供产品和服务的体育旅游企业，如旅行社企业、旅游中介机构等彼此牵引、互相聚集。

第三，聚集那些以间接方式为冰雪体育旅游者提供产品和服务的，处于供应链上游的企业，如为冰雪体育旅游企业提供各种旅游设备、配套服务、零部件等专业供应商。此外，还会聚集那些其他以服务冰雪体育旅游企业为主要业务的相

关服务机构，如专业媒体、高级培训机构等。

第四，吸引那些为旅游消费者供应相关服务的机构或企业，如金融企业，为冰雪体育旅游企业提供金融、汇兑安全、医疗服务等内容的相关机构。

总之，冰雪体育旅游产业有着非常突出的集聚效应，由此而带来的影响也是十分明显的。聚集相关产业，能够使得冰雪体育旅游产业结构体系得以优化、趋于完整。这样不仅会促进整个行业的服务质量的提升，还可利用集聚效应来使相关企业的成本得到更加有效的控制，进而提高其经济效益水平。此外，在这种产业集聚效应下，还会创造更多的就业岗位，吸纳更多的社会剩余劳动力，提高社会就业率，劳动生产率也得到了提高。

2. 创造优良环境，促进相关产业的整体发展

通过产业集聚效应，不仅能够加强冰雪体育旅游企业与其他企业之间的合作和交流，也会加剧彼此之间的竞争，从而促进冰雪体育旅游产业不断创新发展，进而使集聚效应得到进一步的提升。由此，冰雪体育旅游企业的营销费用将会降低。研究结果显示，利用冰雪体育旅游产业集聚效应打造的产业链条，有效降低了供应链中各企业之间的交易成本，引入了大批的专业人才与知名服务供应商，还通过知识外溢效应与人才流动使冰雪体育旅游目的地的综合竞争实力得到提升，从而为整个体育旅游经济提供良好的发展环境。除此之外，充分发挥产业集聚效应，还使相关产业获得了很好的发展。冰雪体育旅游所带来的产业集聚效应，使得产业链中各企业之间的联系进一步加强，生产要素的流动成本，以及中间产品的价格水平都有所下降，进而为冰雪体育旅游企业带来了更加可观的外部效应，充分发挥企业规模经济的优势，进而使得集聚中的企业都可从中获益。

冰雪体育旅游产业集聚产生的经济效益还会使得更多的企业向该产业集聚，从而进一步提升冰雪体育旅游产业集聚力，促进体育旅游产业的更好发展。

（四）改善国家形象的功能

1. 吸引境外游客，获得更多外汇收入

一个国家的外汇水平可以在很大程度上反映出其国际支付能力以及经济实力。面对日益激烈的国际市场竞争，对于政府而言，要想获得更好的发展，就需要不断地开发能够带来外汇收入的途径。通常，国家可通过三种渠道获得外汇收

入：一是通过国家贸易获得外汇，即出口商品；二是获得非贸易收入，如通过国际保险、利息、旅游等得到外汇收入；三是获得外来资本收入，指的是通过投资和贷款获得收入。综上分析，冰雪体育旅游业为国家带来的外汇收入属于非贸易收入部分。因此，就冰雪体育旅游在创汇上面发挥的作用来讲，和高端产品出口创汇作用是类似的。

冰雪体育旅游对外出口的属于无形服务，因此，也不会面临货物运输损耗等问题，并且对于购买旅游服务的旅游者而言，必须来到旅游产品的生产地才可消费。因此，冰雪体育旅游出口能够减少运输、仓储等费用。而这些都决定了与一般的出口产品相比，冰雪体育旅游只需承担较低的换汇成本。毫无疑问，与其他产业相比，冰雪体育旅游在非贸易创汇中具有的优势更加明显。

大力发展旅游业，将其作为我国经济发展新的利润增长点，推动了我国旅游业的进一步发展。随着我国居民收入水平的提高，居民在闲暇时间对旅游的需求也越来越多，基于这种形势，我国旅游业得到了快速发展。伴随着公众对体育功能认识的日益深化，体育旅游业开始受到越来越多人的欢迎，尤其是2022年北京冬奥会的成功举办，极大地推动冰雪体育旅游产业的迅猛发展。由于冰雪体育旅游具有高品质、高消费的特点，因此，与一般的大众体育旅游相比，冰雪体育旅游具有更大的吸引力，可使得更多的境外冰雪体育旅游爱好者来到中国，带来更多的外汇收入。

2. 改善国家形象，提高国际声誉

国家形象，指的是人们通过各种渠道对一个国家的总体感知，既包括主观上的，也包括客观上的。国际声誉，指的是国家将本国在经济、文化、科技等方面取得的成果投射到他国而塑造出一种理想的国际形象。很多国家都会以各种方式改善国家形象、提高国际声誉，旅游就是其中一种比较重要的方式。通过这种方式可赋予本国形象更强的吸引力，这种改善国家形象的行为在世界各国中是十分常见的。

随着改革开放政策的实施，以及我国对外开放程度的不断加深，我国的入境市场份额和国际旅游贸易服务总量逐步上升，我国与其他国家和地区的关联程度日益加深。面对国际金融危机，很多以旅游业为国民支撑产业的国家受到了较大

的冲击，其地位也发生了变化，在这种情况下，我国的冰雪体育旅游业反而是一路高歌，获得了快速发展，在全球旅游业中也发挥着日益重要的作用。结合这种发展形势，很多国家在确定其旅游发展规划时，会重点分析中国旅游市场，而且还会结合中国旅游市场的特征进行有针对性的产品开发，确定相应的营销策略等问题。

现代社会，我国的冰雪体育旅游消费群体在不断扩大，而且已经形成了冰雪体育旅游全球化的客源格局。通过来自全球多个国家和地区游客的“口碑效应”，我国也获益很多。并且境外爱好冰雪体育旅游的消费者对我国的认识也发生了转变，正在对我国良好形象做重新解读。而进入国际冰雪体育旅游中的中国游客，则成为我国形象的代表，将优秀的中国文化带到全世界，扮演着友好使者的角色，使得旅游目的地的民众加强了对中国的认识，引导外国游客对中国的良好形象作出正确的理解。

五、冰雪体育旅游的特征

人们通过冰雪体育活动，能够锻炼身体、陶冶情操，通过冰雪体育旅游能够获得不一样的体验。而且，冰雪体育旅游不只是具有体育旅游的基本特征，还具有冰雪的特有属性——季节专属性。结合已有的相关体育旅游特征的研究，在此将冰雪体育旅游的主要特征概括如下。

（一）体验观赏性

人们可以在冰雪旅游的过程中欣赏体育赛事，参与各种体育文化活动和富有地方特色的体育竞赛等，使得冰雪旅游者能够感受到冰雪体育运动所具有的独特魅力，感受到丰富的冰雪体育文化内涵。

（二）健身娱乐性

借助当地所具有的冰雪体育旅游资源，开发与游客需求相匹配的各种冰雪体育旅游产品，游客在参与各种冰雪体育活动的过程中，从生理到心理都能够获得愉悦感，进而增强其体质。因此，基于体育运动为主的冰雪体育旅游俨然成为重要的冬季休闲方式，游客在参加冰雪体育活动的过程中可实现健身、娱乐等多重目标。

（三）专业高质性

一些技术性较强的体育旅游项目，如滑雪、冰球、花样滑冰、冰壶等，对项目的参与者与组织者都有一定的专业要求，要求其具备较高的专业素质。而且，因为冰雪体育运动有一定的技术要求，具有一定的惊险性、审美性以及艺术性特征，人们能够从中获得精神上的极大丰富。因此，游客在冰雪体育旅游中能够更加深切地感受其所蕴含的冰雪体育文化内涵，给游客带来更加充实的旅游体验，这种独特的魅力耐人回味。

（四）惊险刺激性

冰雪体育旅游与大众旅游最大的区别就在于，冰雪体育旅游活动一般都带有惊险体验、低温刺激、独特专属等情感体验。如大型冰滑梯、高山滑雪、打雪圈等，都具有一定程度的惊险刺激感，也能给游客带来特有的冰雪体验。

（五）教育互动性

冰雪体育旅游活动与体育旅游一样都具有社会教育作用，在旅游活动中能够达到寓教于游、提高自我的目的。此外，在参与冰雪体育旅游活动时，还可帮助参与者掌握一些冰雪运动技巧，增强个人体能，获得相关学科的知识，培养其合作与竞争意识。在这个过程中，可促进旅游者身心的均衡发展。并且，冰雪体育旅游活动还具有互动性，参与其中的游客与观看者之间、对手之间能够进行良好的互动沟通，从而吸引更多的参与者。

（六）季节周期性

在大自然馈赠的天然冰雪资源条件下，冰雪体育旅游项目具有周期性再利用的特征。冰雪体育旅游只有在冬季或室内冰雪场馆才能实现，比如冬泳旅游项目，那种在10℃以下的低温水环境里对身体的刺激和锻炼，是其他环境无法替代的，也是冬泳爱好者在其他季节和环境下无法感受的。

第三节　冰雪体育旅游产业集群发展模式优化——以吉林省为例

一、冰雪体育旅游产业结构优化策略

（一）加快冰雪体育旅游产业集群的空间合理布局

吉林省冰雪体育旅游产业集群主要分布为长春市、吉林市、延边朝鲜族自治州（以下简称延边）和长白山管理委员会，其中吉林市和长春市地理位置十分接近，延边和长白山管理委员会地理位置十分接近。在产业集群空间布局上，可以形成合理空间布局的冰雪体育旅游产业集群。具体而言，长春市和吉林市作为吉林省会和省内第二大城市，距离十分接近，可将长春市和吉林市定义为一个冰雪旅游产业集群，即长吉都市主中心（旅游集散中心及冰雪运动与娱乐旅游与冰雪装备制造），长白山和延边是吉林省东部地区重要的冰雪旅游地区，可将其定义为长白山区域次中心（旅游集散次中心及冰雪观光与度假旅游）；松原白城地区属于吉林省西部的重要旅游区域，冰雪旅游资源也相对丰富，查干湖冬捕已经形成一定的冰雪体育旅游文化，可以进一步地整合为松白区域次中心（旅游集散次中心及冰雪观光与体验旅游）。如此一来，整个吉林省的冰雪体育旅游产业集群就可以形成三大地缘位置接近，却又各具功能特色的产业集群组团，即东部形成以冰雪观光与度假旅游为主的冰雪体育产业集群，中部形成以冰雪运动与娱乐旅游为主的冰雪体育产业集群，西部形成以冰雪文化与生态旅游为主的冰雪体育产业集群。

（二）提升冰雪体育旅游服务业产品输出质量

冰雪体育旅游产业是典型的“资源依赖型”和“劳动密集型”产业。因此，提高自然资源的利用率和加强从业人员的素质是保障冰雪体育旅游产业发展的重要因素。因此，一方面，通过加强政府环保部门的监督力度，避免对环境资源的破坏，提高环保队伍的执法能力和监督检查能力；另一方面，加快冰雪体育旅游人力资源的培养，打造一支专业化、高素质的冰雪体育旅游产业服务人员队伍。例如，依托省内主要的高校体育院系，建设冰雪运动、冰雪管理等冰雪体育专业，建立集产、学、研于一体的冰雪体育人才培养模式，依托各级社会职业培训机构，加强对冰雪从业人员的职业培训。加强冰雪学术研究，鼓励举办各种培训班，加快培训一批专业的冰雪教师，积极引进冰雪产业的复合型和领先型人才到吉林工作。创设冰雪产业基金，政府以招标、委托的形式向社会组织购买冰雪体育旅游产业公共服务，着力打造一批高素质的现代冰雪服务行业的人才。

（三）推动冰雪装备制造业向“知识密集型”转变

随着“中国制造2025”规划的实施，长春新区积极打造高端智能制造产业集聚区，吉林省冰雪装备制造业也应以此为契机，实现从“劳动密集型”向“知识密集型”的转变。因此在吉林省政府相关部门的指导下，通过公共财政投入、税收减免等政策，来鼓励冰雪装备制造企业加快产业升级，加强企业与吉林大学、吉林体育学院等高校之间的协同合作，搭建产、学、研协同发展平台，促进高校的科研成果积极向冰雪装备制造企业转化；要积极规划，建设世界高端冰雪设备供应基地，综合运用各种新技术、新材料、网络大数据等新兴技术，打造“智能化”冰雪制造生产模式，提升冰雪科技的附加值，助力冰雪传统产业转型升级。

二、冰雪体育旅游产业政策优化策略

（一）创新投融资体制

吉林省政府应制订总体规划，利用现有资金（服务业）或相关专项资金支持冰雪产业的发展。冰雪体育旅游产业集群的城市或地区也应制定激励政策，积极吸引社会各方的资金参与到吉林省冰雪体育旅游产业集群发展中来。对于高端冰雪装备制造企业，政府可以在税收、征地、资金扶持等方面推出优惠政策，加快冰雪体育旅游文化产业集聚区的建设，打造极具特色的吉林冰雪体育旅游产业文化。引导各级各类社会资本投资建设世界一流的滑雪场、冰雪体育场馆，以及各种运营服务和游客配套设施。

（二）完善消费政策

各级政府应该积极鼓励广大市民加快冰雪体育旅游产业消费。本地居民也是冰雪体育旅游消费的主力军，要积极培育这部分消费群体，完善消费政策，刺激消费潜力。政府可以通过设定专项资金，通过政府购买服务的形式鼓励更多的青少年参加冰雪培训和冰雪体验，在假期或特定时段，鼓励有关冰雪运动健身场所向广大学生或老年人免费开放，高校、社会机构可以定期举行冰雪冬令营、冰雪旅游等活动，加大学生对冰雪运动的兴趣和参与度，培育他们的消费意愿。积极鼓励保险公司为相关企业和冰雪运动参与者推出多元化保险产品，以分担参加冰雪运动可能带来的健康风险。

（三）落实税费减免政策

进行产业政策优化时，应科学合理定位，注重培育消费热点，挖掘消费潜力；积极落实税费减免政策，注重培育新兴消费，科学引导健康消费。要在全面落实国家和省发布的降低相关行政事业性收费标准的基础上，出台部分减免行政事业性收费政策。对提供冰雪体育旅游产业服务的相关企业和单位，可以给予一定的税收优惠或行政事业费减免，对企业的各种广告、设计费用支出，可以采用依法税前扣除的方式进行减免，对于高端制造的冰雪体育制造业，可以按照高新技术企业的标准给予15%的企业所得税征收。另外，对于冰雪体育旅游景区的一些商店、餐饮、旅店等服务企业，可以在旅游淡季给予适当的税收减免。

三、冰雪体育旅游品牌建设优化策略

（一）构建冰雪旅游品牌体系

吉林省要做大做强冰雪体育旅游产业，并形成具有较强竞争力的冰雪体育旅游产业集群，就必须要大力构建冰雪旅游品牌体系。各地区政府应强力推出一项精品项目或主打冰雪旅游项目，形成在国内和国际上的品牌效应。如长白山主打“长白山国际冰雪”“长白山冰雪运动极限挑战”“中国第一·雪地穿越旅游廊道”等精品旅游项目，吉林市主打“玩雪到吉林”“世界雾凇之都”“吉林雾凇冰雪节”等深度游项目，长春市主打“净月瓦萨国际越野滑雪”“北国温泉”等都市休闲体验游项目，松原市主打“最后的渔猎部落”“雪国狩猎”等民俗传统娱乐项目，延边地区主打“关东雪村（乡）”“梦幻冰雪·快乐延边”等少数民族体验项目。这一系列品牌的推出，共同建立吉林冰雪产业品牌形象系统。

（二）打造冰雪会展节庆品牌体系

长春市作为吉林省的省会城市，会展业得到了迅猛发展，目前已经成为拉动经济社会发展的重要产业，并获得了“中国十佳品牌会展城市”的荣誉，因此应充分利用地缘优势、交通优势和会展业发展的优势，全力打造国家级、国际性冰雪产业盛会。通过举办中国国际冰雪旅游产业博览会、开设中国冰雪旅游产业国际高峰论坛、建设中国冰雪产业国际交流中心等形式，加强与世界知名冰雪城市之间的交流与合作，切实推动经济、冰雪贸易和产业招商实现新发展，以促进经济稳步持续增长、产业结构调整、城市转型升级。

组织世界性的冰雕雪雕竞赛或大会，可以丰富市民的冬季生活，提高冰雪旅游的品位，促进世界的冰雪文化艺术交流。

（三）创新市场宣传营销模式

要打造吉林省冰雪旅游品牌，提升对外知名度和影响力，关键是要做好市场宣传和营销工作，让更多的地区和人民了解吉林、热爱吉林、体验在吉林。各级政府要围绕吉林省冬季冰雪旅游特色，统筹冰雪产业形象推广，突出冰雪旅游公益宣传，采用“线上＋线下”为一体的新型互联网营销模式，全过程展现吉林冰雪优势，使广大游客多维度感知吉林冰雪魅力。要充分利用好互联网的宣传营销模式，创建“互联网＋冰雪旅游”的网络平台、在微博、微信、今日头条等现代网络媒体中开通宣传吉林冰雪旅游的公众号，全面展示吉林省冰雪旅游的独特魅力，并做到精准宣传；积极鼓励各大新媒体平台及新闻平台、吉林省内政务微博、网络“大V”等自媒体平台和主理人参与互动，开展吉林冰雪旅游采风体验式营销；依托去哪儿、途牛、马蜂窝等专业旅游门户网站的专业化优势，积极开展冰雪品牌的宣传。

（四）创新现代冰雪传媒方式

以市场为驱动，积极利用各种富有活力的传媒体系开发建设和宣传促销吉

林省冰雪体育旅游品牌。吉林省电视台和各旅游城市的地方电视台要摄制高水平的吉林冰雪旅游广告片、宣传片、纪录片，充分体现吉林省的自然冰雪风光、城市精神、民俗传统冰雪文化等主体要素，努力提高吉林冰雪旅游的美誉度和影响力。有条件的旅游景点或地区可将旅游宣传片制作成视频光盘，在旅游景区内、音像制品店、互联网上宣传或发放，让更多的游客了解吉林省的冰雪体育旅游资源。还可以依托影视、图书、报刊、音像、电子、动画等企事业单位、媒体，以吉林冰雪文化为背景，创造性地制作开发各类与冰雪相关的出版物、游戏、动画、微电影。

四、冰雪体育旅游产业基础设施优化策略

（一）完善交通服务设施配套

要加快吉林省交通服务设施配套建设，尤其是在西部、东部、南部三条冰雪精品旅游线路上，大力提高停车场和道路配套设施的规划、设计与建设，增加旅游线路的交通标志标牌，实现交通标志规范、内容清晰、快速识别，充分体现区域人文特色和旅游特色。在大型景区内要通过综合枢纽中心建设实现“零换乘”，如长白山风景区、净月潭滑雪场等地区，建设交通接驳站点，减少游客的步行时间与距离；依托度假区的区域交通优势，通过自驾车旅游服务区、自驾营地、车辆租赁、信息引导、快速救援等服务体系设置，建立区域性综合自驾服务体系。积极融入中心城市快速交通体系，加强公共交通服务，特别是轨道交通服务，增进旅游专线和中心城市之间的联系，增强滑雪场、溜冰场、雪场等外部交通便利。推进高速公路和国家级、省级公路旅游线路的建设，在沈阳、哈尔滨、长春、吉林、延吉等主要旅游客源地开通“冰雪直达列车”，直达主要的冰雪旅游目的地，方便广大游客的出行。

（二）构建吉林省冰雪体育旅游对内对外交流平台

要积极构建吉林省冰雪体育旅游对内对外交流平台，扩大交流范围，强化吉林省旅游集散中心的作用。吉林省冰雪体育旅游虽然具有丰富的旅游资源和便利的国内交通条件，但由于缺乏整体的旅游接待水平和核心竞争力，海外旅游的通达度并不强，尤其是在省内缺乏交流辐射平台，导致旅游资源集群的综合开发出

现滞后。因此，在长春市建设区域旅游发展交流中心，并以该中心为基础，搭建旅游贸易交流平台，使之成为长春市旅游发展交流的载体。要进一步整合吉林省冰雪体育旅游资源和设施，综合展示吉林省冰雪旅游风貌、景区特色，推广吉林旅游土特产品，建立内部和外部交易平台和渠道，打造吉林省冰雪体育旅游产业集群的精品品牌。

第五章
冰雪旅游业营销与品牌化发展模式

第一节　冰雪旅游市场营销策略

一、冰雪旅游活动营销策划

随着旅游业的不断发展，很多旅游企业意识到旅游营销策划的重要性。通过有效的营销策划方法能够将旅游资源的特性充分展现给旅游者，刺激旅游者的旅游动机，同时对旅游企业自身的品牌和形象进行良好的宣传。

就冰雪旅游资源本身的特点，需要旅游营销活动充分利用得天独厚的冰雪条件变“冷”为“热”，这就要求旅游企业管理者具备创新意识，突破原有的营销模式的束缚，形成适应冰雪旅游的营销策划。

（一）体育营销

随着我国冰雪旅游的发展和全民健身运动的兴起，冰雪旅游作为我国冬季旅游的一个热点已经有了很大的发展。2022年北京冬奥会的成功举办对全国的体育事业产生了重大的影响，会促进和带动赛事旅游、会展旅游以及商务旅游的发展。旅游度假市场需求加大，冰雪旅游休闲化成为必然趋势，因此，抓住机遇，完善硬件设施，创新游玩形式，发挥我国民俗文化特色将是冰雪旅游发展的必由之路。

体育活动可以推动旅游设施供给水平的提高，吸引更多游客。一方面，旅游目的地完善的体育设施可以刺激旅游淡季时社区活动的开展，通过会员制模式使这些设施得到有效利用。另一方面，旅游市场的发展有利于体育设施的不断完善，可以改善本地体育设施有效需求不足的状况。此外，人们在度假过程中大量参与体育活动可以激发潜在的旅游市场。

体育营销是依托于体育活动，将景区的旅游产品与体育结合，把体育文化与品牌文化相融合以形成特有企业文化的系统工程，是市场营销的一种手段。体育营销具有长期性、系统性和文化性的特点。它最基本的功能就是把景区的资源进行重新整合，景区的一切经营完全服务于体育营销，将体育活动中体现的体育文化融入旅游产品中去，实现体育文化、品牌文化与景区特色文化三者的融合，从而引起消费者与景区的共鸣，在消费者心中形成长期的特殊偏好，成为景区的一种竞争优势。在各种体育活动中，滑雪是可参与度最高、娱乐刺激性最强的体育活动，因而近年来颇受关注。

（二）节庆营销

从本质上说，旅游节庆活动属于旅游吸引物中的事件吸引物。它将旅游目的地高质量的产品、服务、娱乐、背景、人力等众多因素围绕某一主题进行组织和整合，全面盘活了目的地的静态设施与服务。另外，在节庆活动期间，通过大众媒体的集中报道可以吸引许多的“注意力”聚焦目的地，迅速提升该目的地的知名度和美誉度，有助于达到高效推广目的地形象的效果。在一些旅游业发达的地区，标志性旅游节庆活动已成为反映旅游目的地形象的直接指代物。例如，巴西里约热内卢的狂欢节风靡世界，成为其最主要的旅游吸引物。

节庆营销就是通过举办节庆活动的方式，有计划地策划、组织、实施针对节庆活动的系列营销活动以吸引媒体、社会公众和目标市场的兴趣与关注，以提高景区的知名度、美誉度，树立景区良好形象并最终达到吸引旅游者的目的。举办大型节庆活动，可以快速聚集人气，整合资源，提高旅游目的地或景区知名度，打造品牌。

节庆活动是重要的营销策略之一，也是提高景区自我认同和品质的重要方法，如山东曲阜每年举办“国际孔子旅游文化节”、福建宁化石壁村的世界客属石壁祖地祭祖大典、山东潍坊的风筝节、北京国际旅游文化节、河北吴桥的国际杂技艺术节、广东梅州的客家山歌节、珠海的航展等。现在全国大型活动每年约

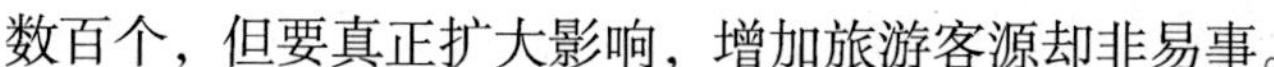

数百个，但要真正扩大影响，增加旅游客源却非易事。

（三）旅游目的地形象的形成过程和营销策划

旅游景区形象包括其旅游活动、旅游产品及服务等在人们心目中形成的总体印象。旅游景区形象策划是在受企业CI（Corporate Identity，企业识别）策划的启发和广告业的影响带动，以及国内旅游业的迅猛发展（同时伴随有强大的市场营销）等综合因素的作用下，在对旅游地和旅游景点的传统意义的认识基础上形成的一种全新的形象识别和营销系统。它通过树立景区形象，帮助景区进行多侧面、全方位综合营销，扩大景区影响，并使其有意识、有计划地付诸实践，从而改进景区的营销方法。

1. 旅游目的地形象的形成过程

旅游目的地形象的形成是一个复杂的认知过程。按照旅游目的地形象与人们旅游消费行为之间的关系，旅游目的地形象的形成大致要经过以下四个阶段。

（1）初始印象阶段。初始印象是指人们通过日常生活中对旅游目的地的一般性了解所产生的形象认识。在这一阶段，人们对目的地形象认知主要来源于自身的生活经历、社交环境或受教育程度，或依据于接收到的新闻媒体宣传报道和旅游中间商的日常促销，因而是一种相对被动的信息认知过程。

（2）深入认知阶段。在人们产生了一定的旅游动机之后，就会进入自觉收集各种有关信息，并通过综合比较进行对旅游目的地形象加以选择和做出决策的阶段，即旅游形象深入认知阶段。在这一阶段，人们可以获取的各种宣传册、旅游产品及形象广告、旅游促销活动，以及周围人群的旅游经验等，都会成为影响其对旅游目的地形象认知和预期的重要因素。

（3）实际认知阶段。一旦人们开始正式的旅游行为过程，就会通过实际体验对主观预期的旅游目的地形象进行验证，从而进入实际认知阶段。旅游者通过所使用的各种旅游目的地产品、设施和服务项目，会对旅游目的地的整体形象和服务过程产生直接和全面的印象。

（4）事后认知阶段。旅游者完成旅游过程回到居住地之后，通过对旅游过程的回顾和总体满意程度对旅游目的地的实际形象形成最终判断。这一阶段决定旅游目的地形象好坏的主要因素有两个：一是旅游目的地资源禀赋，以及旅游产品和服务的实际质量；二是旅游者对目的地形象的预期效果。一旦出现低于预期的现象，旅游者就会对旅游目的地形象宣传持完全否定态度，并进而作出此后不利于该旅游目的地的决策，这种决策还可能波及旅游者的周围群体，形成对旅游目的地非常不利的市场氛围；如果旅游者的感知超出预期，将对该目的地形象宣传产生辐射和叠加效应，也意味着旅游目的地形象的营销全面成功。

2. 旅游目的地形象营销策略

针对上述旅游者对旅游目的地形象的认知规律，旅游目的地营销组织可以采取不同的营销策略。通过及时推出具有个性化特色和竞争力的旅游目的地形象信息，促使目标旅游市场和目标游客做出有利于自己的决策信息。具体来说，旅游者认知的阶段性特征不同，旅游目的地形象营销的重点也有不同。

在初始阶段，人们处于潜在旅游者状态，他们通常是靠日常生活的积累获取有关旅游目的地的各种信息。因此，旅游目的地一旦确定主要客源市场之后，就应在市场上进行系统和全面的旅游形象信息传播。这一时期营销策略的重点是树立旅游目的地的正面形象，扩大旅游目的地的知名度；适宜采取宣传报道、广告为主的大众化和渗透式信息传递方式。为了提升营销资源的使用效果，旅游组织必须选择目标市场，把主要精力集中于主要客源市场，避免全面出击可能造成的资源浪费。

在深入认知阶段，旅游营销组织应该在充分了解潜在旅游者消费需求特征的基础上，通过广泛地宣传介绍旅游目的地的产品和住宿、餐饮、交通、娱乐等各项设施和服务内容，在旅游者心目中建立一个较深入和正面的旅游目的地形象。也就是采用从提供相关旅游信息入手，到引起旅游者的注意和兴趣，再到引发旅游者的旅游动机、改变旧的旅游消费选择和习惯，指导形成信任和购买的促销策略。

在实际认知阶段，旅游者将亲身体验旅游目的地的产品和服务，旅游组织的营销重点除了及时兑现承诺标准之外，还应广泛提供服务信息，方便旅游者的行程安排，并进一步强化旅游目的地形象特色，加深旅游者的体验和参与程度，提升旅游者的消费满意度。

在事后认知阶段，应继续做好市场调研、强化信息反馈工作，系统收集和分析旅游者对目的地形象的总体评价和依据。对于已经到过旅游目的地的旅游者，应做好持续促销工作。旅游组织的营销重点是不断提供旅游产品的新信息，保持长久记忆，维护和巩固旅游目的地在旅游者心目中的良好形象；对于各种负面影响，应及时采取补救措施。

二、旅游营销程序及策划书

（一）旅游营销策划程序

旅游营销策划的正确与否，不仅取决于策划者的经验素质，还有赖于策划程序的科学性。科学合理的营销策划程序有利于旅游营销的顺利展开。

1. 确定旅游营销目标

旅游营销目标是营销策划的前提，而营销策划则是旅游营销目标实现的具体手段，是服务于营销目标的。

（1）经济目标。经济目标即效益最大化目标。通过精心的设计和调查，使旅游企业或经营单位的营销活动变得系统化、科学化和有效化，以最少的投入产出最大的利润。

（2）市场目标。通过精心的营销策划，使旅游企业开展的营销活动达到预期效果，从而有效地扩大市场份额，提高市场占有率。

（3）公共形象目标。通过精心的营销策划，使企业的营销活动在市场上取得热烈反响，从而提高自己的知名度、美誉度和品牌地位，履行一定的社会责任，树立良好的公众形象。

（4）发展目标。旅游企业现阶段不仅要完成以上三个目标，与此同时，旅游企业的营销活动还要符合企业未来的发展方向和整体目标。

2. 设计可行性营销策划方案

旅游企业所设计的营销方案必须能够解决某些经营问题，同时具备可行性。

（1）准备阶段。旅游营销策划的前期准备阶段包括明确策划问题、确定策划主题、做好策划的相关准备工作、为策划工作创造必要的条件。

（2）调研阶段。这一阶段的具体工作是收集一手资料、对一手资料进行筛选过滤以及获取其他相关信息。这些信息是开展营销策划的前提和基础，起着不可替代的作用。因此，在此阶段要尽量安排充裕的时间展开调研，并且资料准备方面要充分而且细致，确保旅游营销策划的质量。

（3）策划创新阶段。这一阶段是旅游营销策划的核心阶段。如何突出此次营销工作的主题，如何吸引旅游者的眼球，如何使潜在旅游者愿意购买并且成为旅游者等问题就是这一阶段的具体工作。当然，要做到这些则必须有充分的前期准备和详细的调查资料为基础，辅之以个人经验和实际情况。

（4）策划经费预算阶段。优质的旅游营销策划方案在于以最少的开销创造最大的利润。为此，在方案策划过程中要时刻控制预算，并且把预算做到细致化，使预算更为科学合理。预算主要包括旅游市场调研费、旅游信息收集费、旅游策划人力投入费等。

3. 可行性方案的评估与筛选

在对各种可行性方案进行评估与分析时，既要进行定性分析，又要进行定量分析；既要考察技术上的科学性，又要确保其经济上的合理性。对每个方案的损益情况、投入产出数据都要清晰明确地列出，对其完成任务的程度、正负面后果、存在的问题、解决的难易度等都要得出全面的结论，为方案选优工作提供客观充分的基础性依据。在选择时一定要综合分析，要将目光放到全局、全社会的高度，不可拘泥于一时一事的得失，既要考虑经济利益，也要考虑社会效益，还要与旅游业发展战略结合考虑。

4. 营销方案的实施

确定旅游营销方案后，如何贯彻实施确保方案的正常运行便成为首要问题。尤其是在旅游经营过程中，有很多人为因素和不确定因素，这些问题会妨碍方案的有效实施，无法达到预期目标。为确保旅游营销策划的顺利实施，要注意以下问题。

（1）要确保策划方案实施所需的人、财、物和信息等资源的落实到位。营销策划方案的实施，需要一定的人员、资金、物质和信息，这些是营销策划方案实施的前提和保证。

（2）密切跟踪营销方案实施的全过程。营销策划方案的实施是一个动态的、发展的过程，在实施过程中，可能会发生一些变化，没有追踪，就难以及时准确地掌握整个方案的实施情况，一旦方案实施发生了偏差，就难以发现问题，也就无法改进。

（3）严格按照策划方案既定的程序和进度时间表实施。在重大的营销环境没有发生变化、既定的旅游营销策划方案没有表现出错误时，不要改变既定的程序和进度，而应该严格按照策划方案既定的程序和进度时间表实施。

当然，策划方案的实施可能是一个较长的阶段，在这一过程中，企业面临的营销环境可能会发生一些重大变化，对营销策划方案的实施产生较大的影响，这时就必须根据旅游营销环境的变化对原策划方案加以适当的调整，以更好地加以实施。

5. 评估方案实施效果

营销策划方案在实施过程中和实施完成后，都应对其实施情况进行跟踪评估，以便对方案的设计和运行情况做出科学的评价，检查是否达到预期的目标，实际目标效果与预期目标之间有什么差距，造成差距的原因是什么；费用预算是否合理；营销策划进程安排是否恰当；活动是否按进度时间表有序进行；出现了哪些意外情况，对策划方案的实施造成了什么影响；营销策划的实施积累了什么成功的经验，有哪些问题和教训；策划的实施引起了什么样的社会反响，企业的知名度、美誉度是否得到提高；等等。

（二）旅游营销策划书

在确定了目标市场，选择了营销方案之后，必须把这种抽象思维落实到具体文字上，成为可以保留和传达的具体文件，这就是旅游营销策划书。

1. 旅游营销策划书的作用

（1）准确、完整地反映旅游营销策划的内容。旅游营销策划书是旅游营销策划者提供给旅游地或旅游企业的营销管理设计蓝图，也是为了实施某一营销方案而撰写的书面文字。旅游营销策划书是达到旅游营销目的的第一步，是旅游营销策划成功的关键。

（2）充分、有效地说服决策者。旅游营销策划书要想付诸实施，必须先赢得旅游决策者的信赖。因此，旅游营销策划书给决策者提供方案和建议，并说服他们采纳和实施。

（3）作为执行和控制的依据。旅游营销策划书是旅游营销策划工作的最后一环，也是下一步实施旅游营销活动的具体行动指南。旅游营销策划书为执行部门提供方案实施的依据，使他们在操作过程中更具有准确性和可控性。

2. 旅游营销策划书的撰写原则

（1）逻辑思维原则。策划的目的在于解决旅游营销中的问题，应该按照逻辑思维的构思编写策划书。首先，设定背景和目的，分析市场状况；其次，在以上基础上进行方案内容的详细阐述；最后，明确方案实施的对策。

（2）简洁朴实原则。旅游营销策划书要简洁明了、浅显易懂、突出主题，要分清主次，把握好要解决问题的合理次序，深入分析，并根据实际情况提出有效的对策，使操作更有指导意义。

（3）可操作性原则。任何理论的提出都是为了指导实践，因此，旅游营销策划书的撰写就是要解决营销过程中的各种可预见的问题。

（4）创新性原则。旅游营销策划书要内容新颖、主题鲜明、有见地。新颖的策划书能给人耳目一新的感觉，能使营销活动更加生动且有意义。

3. 旅游营销策划书的内容

（1）旅游营销策划概要。这部分内容主要是对整个旅游市场营销战略的主要目标做一个简单扼要的描述。要求开门见山、数字明确、逻辑清晰，以便决策层迅速了解营销活动的主旨，对其产生兴趣。比如，本年度市场营销目标是使企业的旅游产品打入东南亚市场，从而使总体销售收入与利润总额比去年大幅度提高。经估算，销售收入目标定为2000万元，比上一年提高40%；可实现利润额400万元，与上一年相比增长25%。这个目标主要通过价格调整以及加大广告力度等方式实现，同时准备在当地寻找地区总代理并帮助其培训服务人员。本计划实施所需营销预算为100万元，与上一年相比增加35%。

（2）营销形式分析。这部分内容是向决策者提供关于内部营销组合各因素以及内、外部宏观环境的有关数据，使决策层对目前企业面临的内、外部形势有一个感性认识，为其充分理解营销计划打下基础，主要包括以下几项。

①市场形势：对目标市场规模与发展的预测，对顾客需求走向、观念及购买行为的初步分析。

②产品形式：本企业产品所在市场中的地位，包括销售量、市场占有率、产品价格、利润等。

③竞争形势：对所处市场中主要竞争对手的经营规模、市场份额，所采用的营销策略进行描述。

④销售渠道形势：对本企业分销渠道的分布、中间商的类型、模式构成、佣金率、流通效率进行描述。

⑤人员管理形势：本企业管理及业务人员的构成、素质、工作质量、服务水平，在整体旅游业中所处的地位以及目前所采用的培训、领导与管理方式。

⑥宏观环境因素：对环境六要素——人口、经济、政治、自然、技术与文化

环境的当前状况、变化趋势以及可能给本企业带来的机遇与挑战进行描述。

（3）机会与问题分析。这部分内容要列出本企业在当前内外形势下所面临的具体机遇和挑战；本企业自身迎接挑战的优势与劣势的具体分析，从中得出结论；明确本企业发展过程中，也是本策划中强调的中心问题，提醒决策层注意。

（4）营销战略的中心目标。这部分内容是策划书的中心内容，也是决策层最感兴趣的部分，即营销策划的实施可以为企业带来哪些具体收益。这是策划书中最具认同感与说服力的内容。具体包括以下几项。

①财务目标。管理机构希望各部门都能够具有良好的财务业绩，包括投资收益率、资金周转速度、净利润收入等。

②营销目标。财务目标的实现必须通过营销手段，它是一系列营销目标得以实现的直接结果。比如，要实现“400万元的净利润收入及20%利润率”的目标，就需要销售收入达到2000万元。如果旅游产品单价为2000元，就需要说服1万个旅游消费者购买产品。如果预期行业总销售额为1亿元，则一定要实现占领20%市场份额的目标。为实现这一目标，营销人员必须充分发挥分销商与各种促销手段的作用，将品牌知名度从12%提高到25%，扩大20%的分销网点，维持单价2000元等。

（5）市场营销战略描述。这部分内容是营销人员大显身手的部分，也是其业务素质与存在价值的集中反映。主要包括以下两项。

①目标市场的选择依据与决策。

②营销组合策划。包括旅游产品构成、定位、价格、分销形势、服务人员管理培训计划、广告及其他促销方式、研究开发方式等。

（6）营销行动实施方案。这部分内容是对完成营销战略目标所采取诸多行动的具体统筹安排。对于要完成什么、由谁来完成、什么时间完成、需要做哪些工作、预计成本是多少等问题都要一一明确。要落实到具体部门和个人，在确定行动时要请教专家，并充分吸取各部门的意见，对多个方案进行选择，确保目标的实现。这部分内容越具体明晰，贯彻中越易于执行和监督。

（7）盈亏预算报表。旅游市场营销策划书要客观地预计营销活动的损益情况，既不能言过其实，也不可消极保守。具体来讲，在收入方面要反映预计销售量、预期价格；在支出方面要反映生产、分销、促销及营销成本。二者差值为预期利润。上级决策者要与生产部门主管一起对预算加以核查、评估，进行必要的修改，最终确定的预算就成为整个营销活动的重要财务依据。

（8）对整个营销活动的控制。这是整个策划书的最后一部分内容，用于描述如何监控营销战略计划的进展以及计划的完成情况。主要包括以下三项。

①建立有关信息回馈的有效制度。根据具体的情况，要求各业务部门、各计划执行人员、各级各类中间商及时或定期向营销部门反馈各类信息，信息内容要客观明确并有各自的评价意见。制度中应包含一定的奖惩措施。

②建立每月或每季的监测与考核制度。这部分内容要量化明确，要定期考评，要对未完成的目标或超额的开支作出及时反应，要求负责人作出解释并提出改进方案。

③制订应急计划以及弥补措施。对可能出现的各种困难、障碍、威胁、机遇或失误要尽可能地进行预测，对其影响及损失进行预估并制定相应的对策。

第二节　游客体验视角下冰雪旅游产品开发——以哈尔滨为例

一、哈尔滨冰雪旅游产品开发条件

（一）得天独厚的自然资源

作为未来旅游业发展的三大支柱之一，冰雪旅游以冰雪资源为依托，以冰雪文化为内涵，具有体验性、大众性、休闲性等特点。我国冰雪旅游以东北为中心向全国扩散，东北地区以资源导向为主，冰雪旅游开发规模大、质量高。其中黑龙江省冰雪旅游的代表城市是哈尔滨。

哈尔滨地处东北亚，被誉为欧亚大陆桥上的明珠，冬季寒冷漫长，山脉此起彼伏，十分有利于保存和利用冰雪资源。哈尔滨东南接张广才岭，北接小兴安岭，积雪期长，适合开展户外滑雪运动。哈尔滨依靠天然冰雪资源和气候优势，在开发建设以及保存室外冰雪景观方面有巨大的先天优势。尽管这些年全国各地有条件的省市都在争夺冰雪旅游开发的蛋糕，但南方地区的人造冰雪和哈尔滨的天然冰雪总是不同的，许多外地游客不远万里来到哈尔滨，就是为了体验极寒天气，感受冰雪文化。目前来看，哈尔滨的冰雪资源相对充裕，即使面临着全球气候变暖的危机，在未来相当长的一段时间里，还是有足够的时间和能力去发展冰雪旅游。

（二）本土文化与移民文化交相辉映

黑龙江省共有满族、回族、朝鲜族、蒙古族、鄂伦春族、赫哲族等50多个少数民族，有丰富的民俗旅游资源。明清政府曾强制向关东移民，以山东人民为主的大量关内灾民，又因为自然灾害的侵袭，闯关东至东北生活。由此，中原文化逐渐渗透并主导了东北地域文化。鸦片战争后，中国国门被打开，随着列强在东北的角逐，日本移民文化、俄罗斯移民文化不断渗透进这片土地，与东北本土地域文化既相互冲突又相互交融。随着19世纪末“中东铁路”的修建，哈尔滨城区逐渐形成了欧陆风格的城市景观，“东方小巴黎”“东方莫斯科”的称号也由此传播开来，吸引着全国各地的游客。

（三）历久弥新的冰雪节庆活动

作为首屈一指的冰雪旅游胜地，哈尔滨于1963年创办了冰灯游园会，向人们展示了冰雪魅力，推动了国内冰雪旅游的热潮。1985年中国首届“冰雪节”在哈尔滨举办，成功吸引了国内外关注的目光，“冰城”美誉实至名归。2009年，大冬会的举办巩固了哈尔滨在冰雪领域的地位。冰雪赛事、冰雪旅游、冰雪经济日益成为学者们研究的热门话题。如今，“哈尔滨国际冰雪节”已是世界四大冰雪节之一，哈尔滨的冰灯、冰雕、雪雕等产品，是我国冰雪旅游产品中的精品。

（四）雄厚的设施基础

哈尔滨有雄厚的群众体育与竞技体育发展基础。通过承办1996年亚洲冬季运动会、2009年世界大学生冬季运动会等大型国际体育赛事，哈尔滨的知名度大大提高，推动了当地冰雪旅游产业的发展。哈尔滨在举办国内外冰雪赛事的过程中，建设了大量冰雪竞技比赛场地，这些高水平的运动场地提高了当地冰雪旅游竞争力，已经成为吸引游客的重要因素。哈尔滨市尚志市亚布力滑雪场是我国SSS级滑雪场，多次承办国内外大型比赛，如今已经是东三省最热门的冰雪旅游线路“哈尔滨—亚布力—雪乡”中承上启下的关键一环。为了方便游客出行，增加旅游人次，哈尔滨开通了K7227、K7047等班次的列车直通亚布力，并在亚布力兴建酒店等配套设施。

（五）冰雪旅游产业拥有巨大的发展潜力

哈尔滨作为中国冰雪旅游的重要城市之一，已经成功举办了多项重要的冬季体育赛事，如1996年亚洲冬季运动会和2009年世界大学生冬季运动会，这些活动不仅提升了城市的国际知名度，也为当地的冰雪旅游产业带来了积极影响。哈尔滨国际冰雪节作为一个重要的文化活动，吸引了大量的国内外游客前来观赏冰雕艺术和参与各种冬季活动。随着交通基础设施的改善和宣传力度的加大，冰雪旅游变得更加便捷，这也为冰雪旅游市场的进一步发展创造了有利条件。

二、哈尔滨冰雪旅游产品的特点与类型

（一）哈尔滨冰雪旅游产品的特点

1. 地域性

因为气候与地形优势，哈尔滨有丰富的自然冰雪资源以及保存和开发冰雪资源的地形条件，是国内冰雪旅游开发的代表性区域。哈尔滨民间很早就有在春节与元宵节期间举办冰灯节的传统，百姓以水为原料，以桶为器皿，用冻成空心状的冰罩制作冰灯，摆放到院子里，展现出浓厚的地域特色。

2. 季节性

冰雪旅游有明显的季节性，一般从每年12月持续至次年2月。冰雪资源的利用和保存极度依赖当地气候，冰类产品比雪类产品更难保存。由于冰雪资源形成的季节性，冰雪旅游产品的开发也呈现出明显的周期性。

3. 艺术性

一方水土养一方人，成长在寒冷地区的东北人民从出生起就和冰雪打交道，在同严寒环境的斗争中求生存，并形成了独特的地方文化。哈尔滨有以冰灯、雪雕等为代表的冰雪艺术产品；以速度滑冰、高山滑雪等为代表的冰雪赛事产品；以哈尔滨国际冰雪节为代表的冰雪节庆产品；以扭秧歌、二人转为代表的冰雪民俗产品，这些冰雪旅游产品有浓厚的地域特色，具有极高的艺术性和观赏价值。

4. 参与性

通过参与滑雪、滑冰、抽冰尜、冰爬犁等冰雪旅游休闲娱乐活动，游客将健身、休闲、娱乐、科普融为一体，既缓解了身心疲劳、收获了快乐，又增强了体质、学习了技能。参与性冰雪旅游产品与自然景观和人文景观相结合，有强烈的刺激性，使游客最直观全面地感受冰雪，易培养游客的参与兴趣，提高旅游地的重游率。

（二）哈尔滨冰雪旅游产品的类型

这里以游客视角为切入点，主要将哈尔滨冰雪旅游产品分为两大核心类型：一类是以冰雪艺术类产品、冰雪赛事类产品、冰雪节庆类产品为主的观赏型冰雪旅游产品；另一类是以冰雪休闲类产品、冰雪民俗类产品为主的体验型冰雪旅游产品。需要说明的是，哈尔滨不同类型的冰雪旅游产品不是孤立存在，而是相辅相成、相互渗透的。除了以上两大核心产品，哈尔滨还有冰雪旅游服务类产品、冰雪旅游科普类产品、冰雪旅游装备类产品、冰雪旅游纪念品等冰雪旅游延伸产品，这些延伸产品在哈尔滨核心冰雪旅游产品的开发中起到了重要的促进作用。

1. 冰雪艺术类产品

哈尔滨冰雪艺术类产品以冰灯、雪雕为主。哈尔滨有世界一流的冰雕、雪雕艺术水平，其中哈尔滨冰灯游园会是我国重要的历史文化遗产。20世纪60年代，哈尔滨市政府为了丰富居民精神生活、改善因居民“猫冬”导致的公园“半年闲”的状况，在兆麟公园举办了第一届“灯节‘冰灯’游园会”。哈尔滨冰灯游园会既是中国冰灯的发源地，也是中国冰雪文化史上的丰碑。如今，冰雪大世界、冰灯游园会、太阳岛雪博会已发展成哈尔滨最知名的三大冰雪旅游产品品牌。为了更好地塑造“冰城”形象，哈尔滨提出“满城冰雕雪塑”的构想。冰雪节期间，游客在商业街区、公园广场处，均能观赏到栩栩如生的冰灯、雪雕。

2. 冰雪赛事类产品

哈尔滨赛事旅游是指旅游者来哈尔滨观看或者参与比赛的一种新型旅游活动。哈尔滨举办过中国·哈尔滨国际冰雕比赛、中国·哈尔滨国际组合冰雕比赛、黑龙江省大学生冰雕比赛、冰雪摄影大赛等冰雪艺术类赛事。通过承办赛事，哈尔滨进一步巩固了“国际滑雪旅游胜地”“世界冰雪旅游名都”的冰城形象。

3. 冰雪节庆类产品

冰雪节庆以冰雪为载体，以冰雪资源为依托，是具有知名度和影响力的地方性冰雪节庆活动。哈尔滨有丰富多彩的冰雪节庆活动，其历史、规模都已经形成较大的影响力，其中最知名的当属哈尔滨国际冰雪节。哈尔滨国际冰雪节是中国首个以冰雪活动为核心的区域性冰雪节日，与日本札幌雪节、加拿大魁北克冬季狂欢节、渥太华冬乐节并称为“世界四大冰雪节”。

4. 冰雪休闲类产品

冰雪休闲产品的独特魅力在于，旅游者既参与了体育健身活动，又获得了休闲娱乐体验，是最受游客喜爱的冰雪旅游产品。哈尔滨的冰雪休闲类产品以滑雪为代表，如今滑雪已不仅是单纯的体验式时尚消费，更是游客们冬季休闲旅游的重要组成部分。除滑雪外，哈尔滨还有许多冰上、雪上的休闲娱乐产品，比如松花江冰雪嘉年华开展的冰滑梯、雪圈、雪地摩托等项目。

5. 冰雪民俗类产品

哈尔滨民俗类冰雪旅游产品具有浓厚的民族特色，是地域性、民族性、历史性的文化传承，体现了当地人的生活习惯、民风民俗。在饮食上，以炖菜、干菜、冻品为代表，如铁锅炖、黄瓜钱、冻梨等；在民俗特色文化上，以二人转、扭秧歌、踩高跷、黑土戏剧为代表；在生活习惯上，以抽冰尜、撑冰车、马拉爬犁、狗拉雪橇为代表，这些宝贵的民俗资源是哈尔滨开发冰雪民俗旅游产品的重要条件。

三、哈尔滨冰雪旅游产品开发策略

（一）加强IP合作，进行差异化开发

即使在全国各地竞相开展冰雪旅游的今天，真冰真雪依旧是哈尔滨不可动摇的巨大优势。不过，单纯的观赏型冰雪旅游产品因为缺乏浸入式体验，必然要面对转型升级的问题；传统的体验型产品又因为同质化问题，容易被复制和超越。

冰雪大世界连续两年与王者荣耀合作，将外部IP（知识产权）与内部冰雪文化相融合，积极发展粉丝经济，促进二次消费，这种做法值得冰雪旅游行业借鉴

学习。但强势的优质IP资源毕竟有限，哈尔滨冰雪旅游产品先要整合传统优势资源，利用新旧媒体增加曝光量，再与外部IP积极洽谈，宣传文化，巩固粉丝，贩卖周边。另外，游玩冰雪大世界需购全票这一策略需要优化，园区内部分刺激的娱乐项目因老人年龄问题都不便参与。针对此类游客，园区可采用小门票策略，比如降低总票价，对有意向参与体验类项目的游客另售小门票；针对亲子游客，可开发亲子票、亲子类项目、科普类项目；向自由行的游客提供旅游路线和旅游攻略等。

哈尔滨有丰富的旅游资源，游客们在这里吃中西美食、住百年老店、赏冰雪艺术、观地域文化、购东北特产。通过对旅游资源的整合和开发，哈尔滨将黑土气息、城市文化、特色建筑、亚欧风情、富饶物产同基础设施和网络交通的建设相结合，为游客提供丰富多彩的旅游活动和轻松舒适的旅行环境，进一步提升"冰城"形象，促进冰雪旅游产品的发展。在东三省的冰雪旅游竞争中，黑龙江提出"世界冰雪旅游名都""中国旅游滑雪胜地"的口号；吉林提出"到哈尔滨看冰，到吉林长春滑雪"；辽宁提出"来沈阳赏雪雕，到吉林看雾凇，去哈尔滨观冰灯"。由此可见，哈尔滨冰类旅游产品是其最核心、最知名、最有竞争力的冰雪旅游产品。哈尔滨冰类旅游"头牌"产品——冰灯，开发历史悠久，文化底蕴深厚，是极为珍贵的历史文化遗产。随着冰灯、冰雕、雪雕的集大成者——冰雪大世界的兴盛，哈尔滨冰灯艺术的起源地——兆麟公园，因为自身缺乏创新、活动单调，已经逐渐被游客边缘化，再不复往日熙熙攘攘、游人如织的景象。作为哈尔滨三大冰雪旅游景区之一的兆麟公园冰灯游园会，既无力参与以"雪"见长的太阳岛雪博会擅长的雪类艺术，又难以摆脱和冰雪大世界在"冰"方面的同质化建设。针对这一现象，哈尔滨各冰雪旅游景区可以尝试"以强带弱"，鼓励强势景区与弱势景区之间开通联票，整合旅游资源，对冰雪旅游产品进行整体化的深入开发，真正将哈尔滨建设成"满城冰雕雪塑"的冰雪王国。

实际上，哈尔滨冰雪旅游产品的开发优势不仅限于"冰"，哈尔滨市尚志市的亚布力滑雪场与哈尔滨城区的冰雪艺术产品遥相呼应，非常适合开发滑雪度假旅游产品和民俗旅游产品，只是目前哈尔滨冰雪旅游产品在开发过程中不够重视文化遗产和地域特色的挖掘，产品之间没有明显的差异性，区域之间又缺乏联动，而周边省市在雪类产品方面投入巨大、竞争激烈，才导致了如今"冰强雪弱"的遗憾局面。

（二）挖掘文化遗产，突出地域特色

冰雪文化包含的别样景色、独特体验，以及其中蕴含的北方人民世世代代传承下来的与自然斗争、融合的坚毅品质和包容精神是冰雪旅游产品的灵魂所在。东北的冰雪与民俗文化关系密切，每年的12月到次年2月，既是冰雪旅游季，也是农闲期间的人们欢度传统春节、元宵节、冰雪节之际。东北有丰富的节日习俗，是宝贵的旅游资源。哈尔滨既有扫尘、贴春联、剪窗花、放爆竹、祭祖等传统过节形式，又有二人转、扭秧歌等特色民俗文化，还有酸菜饺子、冻梨、冻柿子、锅包肉、冰糖葫芦等东北特色饮食。随着这些年我国人民思想的转变，过春节的形式也从单一的家庭聚会模式，转向多元化的休闲度假模式，促进了冰雪旅游的发展。哈尔滨可将冰雪旅游产品和传统民俗文化相结合，以此作为卖点来吸引消费者。例如，在松花江冰雪嘉年华设立民俗旅游区，让游客在冰屋、雪屋里品尝东北特色食品、观看二人转表演，这样既能吸引游客参与，又能起到宣传作用。冰雪大世界等大型冰雪旅游景区可以尝试建设以黑龙江民俗文化为主题的活动区域，向游客展示黑龙江多姿多彩的少数民族风情。通过访谈得知，冰雪大世界的6D影院十分受游客欢迎，这个产品就是以哈尔滨的地域特色为创作主题的成功典范。兆麟公园本身有悠久的历史，见证了哈尔滨百年来的沧桑与辉煌和几代人的成长轨迹，20世纪40年代，英雄李兆麟将军长眠于此，为表纪念，黑龙江省政府、哈尔滨市政府先后将兆麟公园定为爱国主义教育基地。此类具有纪念意义的景区，除了开发冰雪旅游纪念品外，还应该肩负起向游客介绍当地历史，弘扬爱国精神的责任。此外，哈尔滨可以建设冰雪文化博物馆，打造以哈尔滨金源文化、移民文化、黑土文化、戏剧文化等特色文化为核心的冰雪旅游宣传科普类产品。

（三）丰富营销策略，打造冰雪旅游品牌

哈尔滨冰雪旅游产品开发应该重视营销方面的投入。针对冰雪旅游目标市场，有重点、有主次地投放广告，加强产品的网络营销，降低运营成本，增强和游客之间的互动，并与旅行社、中间企业合作，使游客了解相关信息，产生旅行欲望；对客源开发薄弱的西部地区游客进行积极宣传，提供旅行优惠，推出更富有吸引力的冰雪旅游项目；同时，冰雪旅游产品运营商要加强自身营销，打造旅游热点，带动景区人气。

哈尔滨冰雪旅游产品的拓展需要良好的品牌形象作为支撑，品牌形象的营销策略要有整体性、计划性、连贯性。哈尔滨应结合地域特色，注重冰雪旅游城市的形象建设，完善冰雪旅游产品开发的政策措施，改善落后的经营理念，建设具有竞争力的冰雪旅游产品品牌。哈尔滨国际冰雪节是世界四大冰雪节之一，参与冰雪节是游客来哈尔滨旅游行程中的重要组成部分，哈尔滨可在此基础上，积极承办中国国际旅游节等国内外高知名度的旅游节庆活动，吸引国内外游客参加，提高自身的影响力，并将冰雪节庆活动与当地文化结合起来，开发更多具有冰雪文化内涵的精品节庆类产品；哈尔滨通过承办各种赛事，城市基建水平突飞猛进，城市影响力大大提高，应把握机遇，申办更多国内外冰雪赛事，并组织旅游者观看，开发赛事类产品；哈尔滨滑雪资源丰富，是我国的滑雪之乡，可制定统一完善的行业评估标准，提高滑雪场硬件设施水平，将先进的运营理念和实际情况相结合，打造特色滑雪品牌、滑雪俱乐部、管家式服务体系，建设国际化滑雪度假胜地。

在打造冰雪旅游产品品牌的过程中，政府应充分发挥职能，建立统一的制度和标准，向冰雪旅游经营者提供政策支持，给予商业贷款、商业水电、商业用地等方面的优惠，并且鼓励社会投资，培养与品牌形象契合的代言人。同时，着力打造“哈尔滨无障碍旅游区”，完善各冰雪旅游景区间的合作机制，推动景区之间共享旅游资源、旅游产品、旅游市场和旅游信息，最大限度地消除区域壁垒，将冰和雪有机结合起来，让游客在哈尔滨畅游冰雪项目，巩固“世界冰雪旅游名都”的优良品牌形象。

（四）提高服务质量，建立监管体系

在市场化高度发展的今天，冰雪旅游运营者应注重对服务人员技能和态度的培训，建立绩效考核制度，统一业务流程，树立人性化的服务理念，坚持游客的需求导向，对孕妇、儿童、老年人、残障人士等特殊群体提供休息室、哺乳间、轮椅设备、手语服务等一对一人性化服务，对外国游客提供外语导游服务；及时更新陈旧的导览牌等标识物，用专业的技能、贴心的服务和舒适的环境迎接游客，提升哈尔滨冰雪旅游业的整体形象。针对因哈尔滨冰雪旅游明显的季节性导致的旺季服务人员缺口问题，扩建冰雪旅游志愿者队伍，积极号召大学生群体参与冰雪旅游服务工作。哈尔滨有众多高校，学生人数多、素质高，动员大学生加入冰雪旅游活动，既缓解了服务人员紧张的情况，又提高了服务人员整体素质。

哈尔滨冰雪旅游业要转变粗放式旅游管理模式，落实责任分配制度，建立服务质量监管体系，发挥网络媒体的监督作用，通过游客的信息反馈及时跟进服务情况，改善不足之处，并设置相应的处理机制。

（五）树立冰雪旅游行业规范，依法保障游客权益

冰雪旅游开发数十年，一直没有系统性的行业规范，各旅游地的运营管理基本依靠日积月累的经验，没有规范的管理流程和管理体系。“哈尔滨—亚布力—雪乡”线路囊括了黑龙江最经典的三个冰雪旅游地，是黑龙江冰雪旅游的金招牌，也是目前国内最火爆、最热门的冰雪旅游线路。但是，雪乡的爆红借助了网络传媒的“东风”，与其实际的待客能力并不匹配。雪乡的经营者大多是林区工人，缺乏维护品牌形象的意识，又因为雪乡深在林区，物资运输困难，经营成本高，这些年不断爆出宰客等丑闻，其形象一落千丈，这些负面信息大大损伤了黑龙江的冰雪旅游品牌形象。游客并不会把冰雪大世界看成单一的旅游景点，在他们眼中，哈尔滨、亚布力、雪乡的冰雪旅游产品都是一体的。对此，冰雪旅游必须树立行业规范，进行区域旅游法律法规建设，制定明确的法律标准，确保在产品开发、市场建设、监管执法等方面有法可依。通过监督商家行为、导游服务，建立游客信息沟通反馈机制等措施，切实维护游客权益，维护整个黑龙江冰雪旅游的品质和口碑。同时，保障商家和导游的合理收入，对从业者进行服务意识培训，避免急功近利，为了短期暴利忽视游客感受的短视心态。

（六）发展配套产业，增强可持续发展能力

哈尔滨冰雪旅游产品的开发离不开配套产业的支持。在餐饮方面，冰雪旅游景区可以东北菜为核心，提供不同的菜系以满足游客需求。在住宿方面，各景区可与哈尔滨当地酒店合作，对前往景区游玩的游客给予定点酒店入住优惠，并开通景区直通车，给游客的住行提供方便。在交通方面，改善出租车垄断经营现象，严格规范出租车运营；对网约车进行标准化管理，建立数据安全网络；依据实际情况开通旅游公交专线，减少游客往返景区的时间；发展城际交通，吸引周边城市客源；建设高铁和航空网络，提高客运能力，开发潜在市场。在购物方面，积极开发具有文化内涵的冰雪旅游纪念品，并建设综合购物街，一次性满足游客在特色食品、地方特色纪念品、防寒用具等商品方面的购物需求。

滑雪作为哈尔滨重要的冰雪旅游产品，其配套设施的开发相对滞后，滑雪产

业链薄弱。哈尔滨应该充分利用国家振兴东北老工业基地的契机，开发滑雪服、滑雪板、索道等延伸产品，促进滑雪度假旅游产业化、效益化发展。哈尔滨各滑雪场的经营者可以向滑雪发达地区“取经”，组织人员前往实地考察，学习发达地区的开发经验、营销理念、管理体系，并且谋求合作。

哈尔滨冰雪旅游产品的开发和维护极度依赖人力，易受到恶劣天气等不可抗力的影响。因此，冰雪旅游产品在开发过程中应该增加科技投入，利用物联网、云计算等技术，向游客提供智慧购票、智能检票、智慧游园、电子地图、音频讲解等服务，降低人工成本，减少一次性器材的损耗，实现资源开发效益最大化。哈尔滨应该重视冰雪旅游专业人才的培养，与高校合作，安排实践教学，挖掘滑雪指导员、旅游开发与规划人才、冰雪艺术人才等，积极尝试人才输出、文化输出、产品输出、模式输出、管理输出。冰雪旅游产品想做大做强一定要避免垄断心态、树立全局观念、多多谋求区域合作。例如，冰雪大世界可以在南方城市尝试建立室内版，将单季经营转化成四季经营，一地经营转化为多地经营，以扩大影响力、增加企业盈利，促进冰雪旅游产品可持续发展。

第三节　冰雪旅游地形象策划及品牌化发展

一、旅游地形象概述

（一）旅游地的概念

旅游地是指具有一定的可进入性、一定数量的吸引力较强的旅游资源和一定规模和接待能力的旅游设施，并能够成为旅游者停留和活动的目的地。

（二）旅游地形象的概念

旅游地形象概念的提出最早在20世纪70年代初，研究者对旅游目的地形象的概念有不同的理解。《旅游辞典》中的定义为：旅游地形象是指旅游者对某一旅游接待国或地区总体旅游服务的看法或评价。本书将旅游地形象定义为公众对旅游地总体的、概括的、抽象的认识和评价，是旅游地在旅游者头脑中形成的主观印象。

（三）旅游地形象设计的概念

旅游地形象设计是指某一旅游地通过各种手段和媒介在对旅游市场和旅游资源分析的基础上，结合对该规划区域地方性的研究和受众特征的调查分析后，提出明确的区域旅游形象的核心理念和外在界面。

（四）旅游地形象设计的意义和作用

1. 旅游地形象设计的意义

旅游地形象设计研究可为迅速成长的各级区域的形象设计和形象形成提供及时的指南，使区域旅游规划更加务实和有效，促进旅游形象战略成为区域旅游发展的新武器、新工具、新思维。旅游形象设计丰富了旅游地理学对旅游者与旅游地关系的研究，为区域旅游开发与规划提供了感应与行为地理学的研究方法，为旅游研究者拓宽多学科研究视野、建立旅游学的独立学科提供了一个新的研究空间，对促进现有旅游规划思想的发展和完善，保证旅游规划体系在更高层次上的综合，具有重要的意义。

改革开放以来，人民生活水平日益提高，旅游需求日益增大。良好的旅游资源和一流的旅游产品创意，并不一定形成具有较强吸引力的旅游风景区。旅游研究结果认为，旅游者在选择旅游地往往是依据旅游地的知名度和个人对其了解的程度，只有形象鲜明的旅游地才更容易被旅游者感知和选择。国内旅游业已经由“卖方”市场转向“买方”市场。面对上述的情况，我国一些旅游目的地纷纷引入旅游形象设计。旅游形象设计已经成为旅游地提高自身吸引力和知名度，在众多竞争对手中成为大众所识别和接受的重要途径。

2. 旅游地形象设计的作用

（1）旅游地形象设计有助于地方旅游决策部门和公众对该区域旅游有较深的认识。

（2）旅游地形象设计影响着旅游者做出旅游决策。

（3）旅游地形象设计的塑造和推广，有利于树立良好的区域形象，为区域的发展增添动力。

（五）旅游地形象设计的原则和程序

1. 旅游地形象设计的原则

（1）整体性原则。旅游目的地的旅游形象是一个综合的形象系统，在总体形象之下包含物质景观形象、地方文化形象及企业形象等多个二级形象系统，每个二级形象系统又包含若干三级系统或构成元素，而且总体形象还包含着历史形象、现实形象和发展形象三个方面。因此在进行旅游形象设计时，要使二级形象系统到构成元素的形象设计与旅游地的历史形象、现实形象和发展形象都围绕总体形象展开，做到与总体形象相统一。

（2）差异性原则。任何旅游目的地都具有其自身所独有的地方特性，因此在旅游形象设计中应该在对旅游地的旅游资源进行详细的分析情况下，突出其地方特性，注重与其他同类产品的区别性。

（3）可行性原则。旅游策划者在进行旅游形象设计活动之前，一定要做可行性分析，以确保旅游地形象设计方案的实现。同时，可行性分析还应该贯穿旅游地形象设计的全过程，即在进行每一项旅游形象设计时都应该考虑所形成的设计方案的可行性。

2. 旅游地形象设计的程序

旅游地形象主体有两个，一个是赋予旅游地以形象的主体（主要包括旅游区的开发者和管理者），另一个是对旅游地形象进行评价的主体（主要是旅游者）。旅游地形象客体是指区域。旅游地形象是由开发者和旅游者共同决定的，取决于地方性和受众。只有围绕这样一个旅游地形象来设计产品、规范操作，才能在买方市场的前提下，将旅游区作为一个整体推向客源市场。

旅游地形象设计的基本程序一般包括前期的基础研究和后期的显示性研究。其中前期的基础研究工作又包括地方性研究、受众调查和分析等；而后期显示性研究主要讨论、创建旅游地形象的具体表达，如定位、主题口号、行为识别、视觉符号和形象传播等。

二、基础理论

冰雪旅游地形象策划涉及的基础理论主要有以下几项。

（一）马斯洛需求理论

马斯洛需求理论把需求分成生理需求、安全需求、归属需求、尊重需求和自我实现需求五类。这五种需求又分为两级，其中生理需求、安全需求和归属需求都属于基本需求，而尊重需求和自我实现需求是高级需求。一般来说，某一层次的需求得到相对满足，就会向高一层次发展，追求更高一层次的需求就成为驱使行为的动力。随着国家的经济发展水平、科技发展水平、文化和人民受教育的程度及人民生活水平的提高，人们在基本需求得到满足后，就开始向高级需求迈进。为了满足旅游者对冰雪旅游的需求，在冰雪旅游策划中也应该充分考虑旅游者的需求因素。

（二）供求理论

旅游需求是指旅游者在某一特定的时间内按照既定的价格对旅游项目有意愿并且有能力购买的数量。旅游供给是指在一定时期内旅游供应商根据不同的价格和旅游者的偏好意愿并且能够提供出售的某种商品的数量。正是旅游者需求因素和旅游供应商供给因素这两种力量才使旅游者和供应商联系在了一起。

（三）冰雪旅游经济理论

“冰雪是资源，寒冷是优势。”旅游、文化、经济三者之间存在统一发展的关系。冰雪旅游是借助冰雪文化资源开展起来的，冰雪旅游产业不断丰富、完善和发展，并不断更新换代，冰雪文化的影响也更加深入人心。冰雪文化和冰雪旅游表现出更多的互补性、交融性。而冰雪旅游经济是指为冰雪旅游服务的经济生产活动。旅游地的冰雪产业优势，为发展旅游业创造了得天独厚的条件，并对旅游地经济产生巨大的拉动力。

（四）地理学、广告与大众传媒学、市场营销学的相关理论

地理学的研究特别关注区域的地方性，即当地的自然、文化、历史、传统、价值观、组织机构等综合形成的一种地方独特性。地理学认为：对于旅游地来说，只有设计突出本旅游地地方性的形象，才会有旅游吸引力，这是因为旅游者所寻找的就是与其日常生活和居住环境相区别的那些唯此地方独有的自然景观和人文胜地等。

广告与大众传媒学是对传播者、信息、受众、广告、大众传播媒介等与形象

的传播方式有关的问题的探讨。对受众的研究，使人们意识到从受众的角度去理解和分析现在的旅游者，对旅游地的形象设计和传播更有意义。

市场营销学将品牌化的概念应用于旅游地的形象设计中，以目标市场的旅游者为研究方向，为了增强旅游地的竞争力，以及显示与其他地方的独特差异，旅游地的形象设计要考虑旅游地的品牌化。

心理学中的感知过程理论在旅游地形象研究中，从旅游者出发以旅游者的认知为研究的方向，主要目的是通过感知过程理论来影响和加深旅游者对旅游地形象的认知。建筑与城市规划科学中的建筑形象理论以居民为研究的基本立场和出发点，主要应用于景观的形象设计。目前，在形象设计理论中，借鉴得较多的就是CIS（企业识别系统）理论。

三、冰雪旅游地形象策划内容

一般包括冰雪旅游地形象地方性和受众研究、旅游形象的定位、主题口号的策划、形象符号标识、形象行为系统的设计及其形象传播策略等。

（一）冰雪旅游地形象的地方性和受众分析

1. 冰雪旅游地形象的地方性研究

地方性研究是冰雪旅游地形象建设的基础工作之一。任何旅游地都具有其独特的地方特性，称为地方文脉。地方性研究的主要目的就是通过对冰雪旅游地的地方文脉的把握，对该冰雪旅游地的自然地理特色和文化的特质进行提炼。其内容包括自然旅游资源和人文旅游资源等。

（1）自然旅游资源。一个地方的自然资源构成了旅游地形象定位的“地脉”，比如气候、地形、动植物等自然旅游资源，都有可能成为旅游形象定位的关键性因素。例如，四川省在众多的旅游资源中，大熊猫具有绝对的垄断性。因为80%以上的大熊猫都在四川省，因此，四川省就以“熊猫的故乡”作为其旅游形象。黑龙江省在众多的旅游资源中，冰雪具有一定的垄断性，因此，黑龙江省也可以用“冰雪之乡”来作为其旅游形象。

（2）人文旅游资源。一个地方的历史文化构成了该地的文脉，它是旅游地发展旅游的灵魂。对提高旅游地旅游产品的文化内涵具有重要的作用。如果历史文化在旅游形象定位中起关键作用，就决定了旅游产品开发的方向和它吸引旅游者的类型。例如，中国是世界上四大文明古国之一，其“东方文明古国”的旅游形象在世界人民的心中已经形成了很深的烙印，而支撑这一旅游形象的是它灿烂的五千年的文明史和深厚的历史文化，以及以西安、北京、南京、洛阳等中国古代帝都为代表的旅游地。我国桂林龙脊的古壮寨是很有名的旅游目的地，被称为“东方壮族生态博物馆”，而支撑其旅游形象的是它保存了完好的原生态的壮族文化特色。

2. 冰雪旅游地形象的受众研究

从旅游地旅游形象的设计和传播的角度来说，旅游形象传播的对象即为受众。受众调查是确定旅游地整体旅游形象的基础之一和技术前提。受众调查的基本目的是了解旅游者对旅游地的现状、特征等主观看法和态度倾向所进行的量化调查和研究。调查的主要内容有以下三项。

（1）旅游地形象的现状调查。在问卷中可以设置旅游者对旅游地的知名度、美誉度和认可度等的调查指标。对某一旅游地的知名度测算的方法是知晓某旅游地的人数和调查总人数的比例。美誉度是指现实的和潜在的旅游者对某旅游地的赞誉。对某一旅游地的美誉度测算的方法是赞誉某旅游地的人数和知晓某旅游地的人数的比例。认可度是指旅游者把旅游地的产品和服务归纳为自己的消费对象的程度指标。对某一旅游地的认可度测算的方法是前往某旅游地的人数和知晓某旅游地的人数的比例。

（2）旅游形象构成要素的调查。主要是调查所有形象要素在旅游者心目中的感知、认知状况。了解某一旅游地在旅游者心中有什么样的状态形象、旅游者为什么会形成这样的印象。

（3）旅游地形象信息来源渠道的调查。旅游者在未到达旅游地之前，通过各种媒介已经对旅游地形成了初步印象。这是调查旅游地知名度的基础。同时，对于今后旅游地在进行宣传促销时选择哪种媒介具有重要的指导意义。

（二）冰雪旅游地形象设计

1. 冰雪旅游地形象定位与宣传口号

（1）旅游形象定位。旅游形象定位是指在目标市场的旅游者心目中占据一个突出位置的过程，它是对旅游者构成吸引力的旅游卖点。冰雪旅游地的形象定位来源于其地方冰雪的特色，是冰雪旅游地的自然资源和人文资源典型特征的集中体现。旅游者对冰雪旅游地的形象感知取决于对相互竞争的冰雪旅游地之间的对比。因此，冰雪旅游地应该在充分了解其资源和旅游客源市场的基础上，运用适当的定位方法，明确其旅游地的形象定位。

（2）旅游形象定位的方法。常见的旅游形象定位方法有以下几种。

①首位定位。这是指追求占据旅游者心目中旅游形象阶梯的第一位，适用于独一无二或无法替代的旅游地或旅游资源，例如，中国的长城、巴黎的卢浮宫等就是运用了首位定位的定位方法。冰雪旅游地也可以找出其独一无二的冰雪资源来进行定位。例如，黑龙江省滑雪旅游可以定位为“中国滑雪旅游胜地”“世界冰雪旅游名都”，哈尔滨的旅游可以定位为“冰雪世界的王国——中国哈尔滨”。

②跟随定位。这是指以竞争者中最高地位的形象来作为参考，借用竞争者的市场影响来突出自己，依附竞争者来进行定位。例如，中国的三亚定位为“东方夏威夷”、宁夏定位为“塞上江南”、苏州定位为“迪士尼太远，去苏州乐园”等，这些旅游地的定位都运用了跟随定位。

③空隙定位。这是指分析旅游者心中已有形象阶梯的类别，发现和创造新的形象阶梯，树立一个新鲜的与众不同的主题形象。例如，四川的德阳文化娱乐城改造成童话乐园，旅游市场定位在儿童市场；内蒙古阿拉善盟的月亮湖景区定位为“沙漠探险大本营”等。

此外，还有逆向定位、重新定位、名人定位等方法。例如，河南林州林滤山风景区以“暑天山上看冰锥，冬天峡谷观桃花”，将七喜定位为“非可乐”等都是运用了逆向定位的方法。新加坡从原来的“朝气蓬勃新加坡”重新定位为“尽情享受新加坡”，香港从原来的“万象之都”重新定位为“动感之都”等都是运用了重新定位的方法。冰雪旅游地可以通过对本地的冰雪资源和客源市场等因素的充分分析后选用一种定位方法或者综合运用多种定位方法。

（3）旅游形象宣传口号。一直以来，国内旅游规划界在旅游形象设计中，习惯于将旅游形象定位的表述提炼成一句富有感召力的宣传口号，并且使之在旅游客源市场上进行推广，从而传播旅游地形象，塑造旅游地的品牌。冰雪旅游地在进行主题口号设计时应该遵循以下基本原则。

①内容来源于地理文脉。主题宣传口号是旅游地形象的提炼和外显界面，其实质的内容要来源于旅游地的地理文脉和地方独特性，只有对旅游地的地域背景进行充分深刻的分析，才能避免主题口号的内容空泛。

②有广告效应，便于记忆和传播。旅游形象的主题口号要像广告词一样简

练、生动和有影响力。越是言简意赅的表述越能够被人们记住。

③有针对性，迎合需求心理。旅游形象的主题口号要针对旅游者的需求偏好特征来进行设计，要反映旅游者需求偏好的特点，要使旅游者轻易地认识到这是旅游地形象的主题口号，而不是政治宣传口号，也不是招商口号，这样才能引起旅游者的注意。

④口号语言要紧扣时代，与时俱进。旅游形象的主题口号并非一成不变，因此，旅游形象主题口号应该在表述方面反映时代的特征，要有时代气息，要反映旅游需求的热点、主流和趋势。

2. 冰雪旅游地行为形象设计

行为形象包括一个旅游地的内部系统和外部系统对行为形象的具体实现。内部系统包括旅游地环境、员工教育和员工行为的规范化。从调查的数据显示，对于行为形象的内部系统部分，目前国内在饭店业做得相对较好，但是在景区却做得较差一些，需要得到改善。行为形象的外部系统主要是针对公众和市场展开的，它包括服务活动、促销等。旅游地行为形象是旅游地形象设计的动态识别形式，有别于旅游地名称、标志等静态识别形式。

3. 冰雪旅游地视觉形象设计

旅游地的视觉形象设计，一方面能够引导和帮助旅游者方便、快捷明确地完成旅游活动，消除其进入陌生旅游环境时由于不确定性带来的紧张心理；另一方面可通过理念一致的设计，使众多分散的视觉符号形成统一的形象特征，从而更清晰、更强烈地表达旅游地形象力。冰雪旅游地视觉形象设计应该主要关注冰雪旅游标徽、标准字体、标准色、象征吉祥物、交通工具、旅游纪念品、旅游象征性人物、旅游地人的视觉形象、旅游地企业的视觉形象等方面。

（1）冰雪旅游标徽。随着旅游业的发展，人们渐渐开始重视对旅游地的旅游标徽的设计，并用其作为旅游地旅游形象的主要标志。

（2）旅游标准字体。文字是旅游地视觉识别系统中最常用的符号之一，它的统一性能传达一种独特的旅游形象。一般来说，在不影响旅游者的文字理解能力的前提下，可以尽量设计出能够体现本民族和本旅游区域特色的文字。

（3）标准色。标准色是指一个旅游地经过特别设计、代表旅游地形象的专用颜色，应用于该旅游地的多个项目上。

（4）冰雪旅游吉祥物。吉祥物是视觉符号识别系统中的重要组成部分，对于视觉形象的塑造和维护具有重要的意义。吉祥物一词，最早来源于法国普罗旺斯语Mascotto，意思是能够带来吉祥好运的人、动物或东西。采用生动有趣的吉祥物来宣扬旅游地的独特个性，很容易博得旅游者的喜爱，达到广泛有效的传播作用。而且对吉祥物也可以通过多种方式加以利用，促进旅游地的多元化经营。

（5）冰雪旅游交通工具。有时候旅游地的交通工具本身也是吸引物的一部分，独特的交通工具容易给旅游者留下深刻的印象，并成为旅游地旅游形象的代表。例如，四川峨眉山上的人力交通工具——滑竿，几乎成为该风景区独特的形象符号。

（6）冰雪旅游纪念品。旅游地的纪念品（包括一些旅游商品）是旅游者从目的地中几乎唯一可购买、带走的有形的东西，除了照片和留在记忆中的经历和故事外，恐怕就只有这些纪念品还能反映和帮助旅游者记住旅游目的地的形象了。例如，北京奥运会期间外国友人都争相购买中国的字画、丝绸、纪念章、邮票、青花瓷、福娃、金币等，这些纪念品代表了中国旅游形象的一部分。

（7）冰雪旅游象征性人物。将真实的人物（主要是名人）与旅游目的地联系，使其成为目的地的象征性和符号化的人物，可以增强旅游地的形象感召力，使人们在提及或接触名人时就想起他们所代言的旅游地。

（8）冰雪旅游地人的视觉形象。当旅游地的人也作为旅游者观察的对象（而不是与之交往的人）时，人也成了与风景一样的可以设计的形象元素。

（9）旅游地企业的视觉形象。旅游业是一个涉及食、住、行、游、购、娱等多个部门、多种服务的行业，冰雪旅游目的地的整体形象与众多提供各种服务产品的冰雪旅游企业的形象是分不开的，正是因为旅游的综合性，往往会发生由于个别冰雪旅游企业的形象而给冰雪旅游地的整体形象带来有利和不利的影响。所以冰雪旅游企业不仅要提供一流的服务水平，而且要根据旅游地的地方特性来设计具有地方特色的产品。

4. 冰雪旅游地形象传播

旅游目的地旅游形象传播是指将各种有关旅游目的地的旅游形象的信息，依据一定的传播原则通过各种形象传播策略，有计划地传递给旅游者，从而影响旅游者行为的双向沟通活动。

（1）旅游形象传播的原则。冰雪旅游形象的传播应当注意：一是对冰雪旅游的主题形象进行持久的宣传，围绕冰雪旅游的主题形象定期推出新的旅游产品形象；二是加强冰雪旅游形象宣传的多层面合作，使之成为一个系统性的工程；三是冰雪旅游形象宣传促销的专业化、规范化和高技术化的方向；四是把冰雪旅游形象促销与旅游产品促销密切结合起来进行；五是冰雪旅游形象的宣传要有针对性，为旅游者需求偏好提供帮助。

（2）旅游形象传播策略。形象传播的实质其实就是信息传播，形象是信息的表现形态。旅游经营者应该根据旅游产业的特点，选择恰当的信息传播方式，是获得强有力的形象传播效果，增强旅游目的地营销业绩的基本途径。旅游形象传播的方法主要有形象广告、网络传播、公共关系、市场营销、书籍、口碑等。

四、网红城市品牌塑造——以“尔滨”火爆出圈为例

近年来，因美食美景、生活方式、文化传统为特色的网红城市脱颖而出，如螺蛳粉柳州、山城重庆、休闲成都、盛唐文化西安等城市。网红城市的爆火表面是浓浓升起的城市烟火气，背后是蒸蒸日上的经济文化价值。哈尔滨以亲切的“尔滨”这一城市品牌爆火，强势出圈。据哈尔滨文旅局统计，2024年元旦3天假期，哈尔滨市接待游客300余万人，旅游总收入近60亿元，两项数值达到历史峰值，哈尔滨旅游热度环比上涨240%，助推“尔滨”成为2023年冬季最响亮的城市品牌，其成功之道值得探讨。从研究网红城市品牌的内涵出发，以“尔滨”火爆出圈为例，分析哈尔滨城市品牌塑造的成功经验，总结网红城市品牌塑造的启示建议，以期为其他城市品牌塑造提供新的思路和参考，助力全国城市实现高质量发展。

（一）网红城市品牌的内涵

“网红”是依托媒体平台凭借某事件或某行为被广泛关注而走红，且集聚个人影响力而受粉丝追捧的群体。这一概念不仅局限于形容人，也泛化于各类事物上，“网红城市”便是其中之一。网红城市是借助社交媒体平台，凭借特色景点、特色地标、特色美食、特色文化传统、特色生活方式等，短期内引发城市热点话题，引发全民关注，推动城市参观游览以带动地方经济发展的网络现象，是线上宣传与线下游览的融合体。

品牌是用以识别企业产品或服务，并使之与竞争对手的产品或服务区别开来的名称及标志，是卖方给予买方对于产品保证的一贯性承诺。消费者一旦认同某一品牌，就会对该品牌、产品或企业产生情感偏爱，乃至行为忠诚。将品牌概念

延伸至城市品牌，则城市品牌便是用以识别城市，依托自身文化内核形成的与其他城市区别开来的个性特征与文化表达，是城市无形的品牌资产。城市品牌既是城市表面形象的真实写照，又是城市核心竞争力的生动体现，更是国家综合实力的重要组成部分。

城市品牌塑造与城市建设发展是并肩前行、相得益彰的关系。一方面，成功的城市品牌塑造有利于提高城市的知名度、美誉度、忠诚度，是提升城市竞争力的必然路径，是助推城市转型升级的重点抓手，更是提高人民生活水平的坚实保障。另一方面，城市发展建设也对其品牌塑造意义重大，只有城市实实在在地发展起来，其品牌塑造才不会是无源之水、无本之木，才能真正发挥其品牌效应，实现显著的营销效果。网红城市更是借助互联网东风，挖掘了一条新型的网红城市品牌塑造之路，为城市发展建设作出卓越贡献。

（二）网红城市品牌塑造的经验

以2024年元旦期间火爆出圈的哈尔滨城市为例，从特色文化、品牌打造、宣传引导、基础保障等视角分析其爆火成功经验，为其他城市品牌塑造参考借鉴奠定基础。

1. 借力冰雪资源，突出“亲和”文化特色

（1）自然资源丰富，奠定旅游基础。哈尔滨又名冰城，是我国历史文化名城和国际著名冰雪文化城市。冰天雪地、东北园林、原始森林等独具特色的自然景观不胜枚举，哥特式楼宇、俄罗斯木屋等中西合璧的特色建筑星罗棋布。雄厚的自然资源为特色文化旅游奠定了扎实的物质基础，被评为我国首批优秀旅游城市。

（2）文化底蕴深厚，造就文娱项目。哈尔滨是我国东北地区的政治、经济、文化中心，欧亚文明在这里交相融合，造就了一系列特色的文娱项目。在冰雪大世界，可以观赏精彩纷呈的冰灯雪雕、文艺会演；在中央大街，可以在巨型大雪人和鄂伦春族驯鹿的陪伴下感受满满的别样风情。铁锅乱炖、冻梨冻柿、白肉血肠、冰糖葫芦、马迭尔冰棍等特色美食让人垂涎欲滴。亚布力滑雪、漠河马拉雪橇、雪乡泼水成冰、升起热气球的松花江、背着书包“逃学”的企鹅、往来如梭的气垫船，娱乐项目应有尽有。深厚的文化底蕴助推哈尔滨旅游产业大放异彩。

（3）哈尔滨人性格热情亲和，天然好客属性。哈尔滨人性格豪爽，热情好

客，豁达乐观。在语言表达方面，发音清晰，声音洪亮，风格直爽。在人际交往上，态度亲和，慷慨大方，幽默风趣。正是哈尔滨人热情豪爽、包容大方的性格，导致哈尔滨物价实惠、量大质优、平易近人，让外地游客在冰天雪地感受到暖暖心意。正是亲和好客、豁达乐观的性格特色属性，让人们不期而遇，感受旅游的真正意义。

2. 凭借真诚服务，打造“尔滨”城市品牌

（1）人间烟火气息，抚慰游客心灵。哈尔滨“接地气”的烩菜大乱炖、热闹大早市、洗浴汗蒸文化，让游客感受到浓浓烟火气，可谓是“人间烟火气，最抚凡人心”。正是这种乡土气息，留住了一座城市独特的气质与灵魂，为哈尔滨注入了“源头活水”。也正是这人间烟火，让人们短暂地从城市喧嚣中脱离出来，享受世间所有美好，感受心灵的深沉洗礼。

（2）真诚待客之道，服务人民至上。面对大批南方游客到访，哈尔滨以真诚待客之道和人民至上的服务理念，尽力满足游客的各种需求。在南北文化融合下，早市可拖延时间，菜市场可削皮切菜，豆腐脑可加白糖，牛奶可插吸管，冻梨冻柿可切片摆盘。考虑到南方游客难以适应冰雪天气，机场增加更衣室，中央大街铺上地毯，路边建起取暖房，红枣姜糖水送到街头，保障南方游客随时取暖。把东北人的热情展现得淋漓尽致，真诚待客永远是金字招牌。

（3）凝练发展特色，打造“尔滨”品牌。哈尔滨以“掏家底”的态度迎接游客，被网民亲切称为“尔滨”，一系列关怀体贴的暖心举措让“尔滨，你让我感到陌生”“尔滨，你还有什么是我不知道的”等网络流行语风靡一时。哈尔滨借势凝练城市精髓，打造了“尔滨”这一特色品牌，吸引了越来越多的全球目光，成为2023年冬实至名归的最热“顶流”。

3. 强化“多元”宣传引导

（1）从政府到市民，多主体参与联动。哈尔滨政府高度重视文旅融合发展，文旅局长亲自参与冰雪大世界舞蹈表演，官媒宣传持续不断。本地市民纷纷加入文旅队伍，机场志愿接送外地游客，参与网络互动玩梗，避开旺季错峰游玩，自愿发放红糖姜茶取暖，尽显好客本色。商家更是花样百出，冻梨切片泡茶，赠送小菜，以热情周到的服务获得游客赞许。各路媒体、各地网友也纷纷投入其中，分享游玩攻略。哈尔滨火爆出圈的背后，不仅是政府的努力，更是市民、商家、网友的多方跨界联动。

（2）从线上到线下，多样化渠道宣传。在第二十五届哈尔滨冰雪大世界开园之初，哈尔滨积极作为，运用多种渠道广泛宣传。线上，完善预约小程序，推出游园攻略，设立售后服务端口；线下，增添志愿窗口，现场督导人流，确保游行安全。线上线下齐发力，率先收获一波游玩热度。随后，第四十届中国哈尔滨国际冰雪节开幕，抖音、小红书、快手等一波波“种草”短视频席卷而来，再加上本地政策支持、市民热情欢迎的加持，哈尔滨旅游热度空前高涨，形成“网民线上‘种草’—游客线下‘拔草’—新游客继续‘种草’”的良性循环，多样化宣传渠道助推哈尔滨旅游热度达到历史新高。

（3）从事件到内涵，多元性内容创作。哈尔滨借势制造热点事件，多元创作主题宣传。2023年年底，11名“勇闯哈尔滨”游学的广西“小砂糖橘”进入大众视野，引发全网“云照看”，数人数、一对一护送、与哈尔滨工业大学梦幻联动，一波波热度纷至沓来，随后“云南野生菌”“四川小熊猫”接踵起航，收获满满宣传效果。2025年，第九届亚洲冬运会也将在哈尔滨拉开帷幕，彼时又是一波传播热点。从事件制造到内涵挖掘，多元性内容创作是哈尔滨热度居高不下的秘诀。

4. 依靠顶层设计，提升“游客”游玩体验

（1）顶层规划设计，推进文旅融合。哈尔滨政府深挖文旅资源，推进文旅融合，坚持把发展特色文旅作为使命践行，从顶层设计上规划文旅发展。哈尔滨与俄罗斯互行免签政策，实现了“出国吃早餐”的跨国之旅；文旅局减免门票费用，景区延长开放时间，公交地铁延长运营时间，一切以游客利益为先；哈尔滨工业大学无须预约、不限名额参观游览，尽显校园实力与风采，各项利好政策为哈尔滨旅游发展保驾护航。

（2）完善基础设施，提升游客体验。私家车自愿接送，市民免费发放食品和礼物，中央大街铺设地毯，景区分时分段提醒错峰游玩。有市民在社交媒体上吐槽公交站牌看不清，影响市容市貌，相关部门积极响应，连夜更换对应站牌，并于一周内使整体公交站牌焕然一新。一系列的便民举措为塑造“尔滨”城市品牌扫清了所有障碍，提升了游客旅游体验，也提升了哈尔滨的城市品牌形象。

（3）加强规范执法，优化消费环境。元旦火爆期间，哈尔滨并没有利益为先，而是发布一系列通知，要求不得随意上调门票价格，不得擅自增设收费项目，对特定群体实行减免优惠，充分体现公共景区的社会效益。同时，全面限制酒店价格，规范市场秩序，优化消费环境，维护消费者的合法权益。此外，在景区等人群聚集处增设安保、接待、志愿、客服人员，在机场、火车站、客运站等交通站点对游客消费进行善意提醒，防止各类欺诈现象出现，提振了游客的消费信心。

（三）网红城市品牌塑造的启示

塑造特色品牌是网红城市爆火的根本原因。分析哈尔滨城市形象定位和城市品牌塑造的积极经验。

1. 立足自身，提炼精神文化内核

文化是一个城市的生命和灵魂，对品牌塑造具有重要价值。以城市文化为源头，更能挖掘自身的精神文化内核，确立经久不衰的城市形象定位。尊重自身传统文化，所塑造的品牌形象就有了文化底蕴支撑，也有了发展特色引领。城市文化是城市品牌塑造的基础前提，是城市品牌发展的动力来源，是城市品牌整合的关键力量，是城市品牌保持长久生命力的“源头活水”。有了城市文化的加持，城市品牌就能在区域内产生精神凝聚力，在区域外锻造文化认同感，更能凝练城市经济、社会、文化繁荣发展的核心竞争力。立足自身文化资源，既有利于为网红城市品牌塑造提供价值内核，也有利于其发挥更广泛、更持续的品牌效应。因而，网红城市品牌塑造的首要任务就是要立足自身自然资源、民俗文化、语言文字、性格特点、生活方式等，挖掘内部深厚的文化底蕴，以此开发相应文旅项目、奠定扎实旅游基础的同时，更能传递特色精神文化，保持城市品牌发展永久绽放绚丽光彩。

2. 明确定位，塑造特色城市品牌

城市品牌定位是城市品牌塑造的核心。城市要依据现实条件，实事求是，严谨踏实，在大众心中确立明确的个性和特点，使其与其他城市形象区别开来，以此推动大众形成品牌联想和实际行动。例如，大众想观赏大熊猫就会联想到成都，想品尝麻辣火锅就会联想到重庆，想感受古都风采就会联想到西安，想游玩冰雪世界就会联想到哈尔滨，以此前往旅游目的地，满足自身需求。“成功联想”的品牌塑造再加之“不虚此行”的城市体验，更能保持大众的城市品牌忠诚。这就要求城市要深度挖掘自身特色，充分发挥自身优势，并以此为基础明确自身定位，明晰自身形象，并在品牌营销中不断保持该形象和定位，持续强化品

牌特色。同时，城市要处理好自身文化与周边文化的关系，平衡好自身城市定位与周边城市定位的关系，避免雷同。另外，城市品牌塑造是一个系统工程，从前期的品牌形象调研，到中期的品牌定位设计，再到后期的品牌特色宣传，直至全程的品牌管理维护，都要做好系统规划，打造好网红城市品牌的系统工程。

3. 聚集合力，丰富品牌宣传手段

品牌宣传是网红城市品牌塑造的重要环节。通过营销宣传可以巩固大众对城市品牌的形象认知，强化城市发展的正向评价，提升城市品牌的经济、文化和社会影响力。城市品牌建设不是宣传部门的孤军奋战，成功的品牌宣传亟须整合多方资源，聚集强大合力，丰富宣传手段，才能发挥更好的宣传作用。首先，要建立多方参与的品牌宣传机制。政府部门一方面要利用拍摄宣传片、设计宣传海报、印刷宣传材料等官方宣传方式，提高城市品牌的知名度；另一方面要利用相关渠道向市民宣传上级品牌理念与构想，营造“人人争做品牌宣传者”的良好氛围，把推广城市品牌融入日常生活。市民要树立主人翁意识，积极参与到品牌塑造与宣传推广活动中，以一言一行传递城市精神，形成从政府引导到全民共建，再到官民协同传播的良好宣传机制。其次，要利用融媒体优势拓展宣传广度。从线下的电视、报纸、广播、杂志等传统媒体，到线上的直播、短视频等自媒体平台，要充分发挥融媒体的时代优势，向公众全方位、多角度、深层次地展示城市品牌形象；可以搭载美食节、文艺演出等多种形式，更广泛地触发公众热情，激发城市活力，拉动城市旅游建设，带动城市经济繁荣。最后，要通过激发情感共鸣拓展宣传深度。“网红城市”不仅要树立独特的城市符号，还要充分利用社交平台的裂变，利用各类赛事、各项事件、各位名人开展事件营销，开启深度互动体验，激发受众情感共鸣，促使网红城市品牌永葆青春底色。

4. 统筹规划，优化品牌发展环境

围绕网红城市的主题特色，在政府统筹规划下做好各项基础工作，及时清除品牌建设障碍，优化品牌发展环境，对网红城市品牌塑造意义重大。城市发展战略是对城市发展的全局规划和总体布局，决定了城市发展建设的方向和目标。要以战略思维将城市品牌塑造纳入城市长期发展建设的顶层规划中，将其作为一项艰巨发展任务、长期跟踪项目去执行，并通过各类实干措施积极落实到位，更好地发挥政府在城市品牌塑造中的积极作用。可通过官方网站、微信公众号、微信小程序、官方视频账号，进一步完善预约机制，发布游玩地图，分享打卡攻略，提供各项优惠，优化游客游玩体验。加大对各消费行业的监管力度，加大对违规经营业主的处罚力度，规范消费市场秩序，推动旅游产业健康有序发展，并实行违规举报制度，激励社会组织、相关企业、热心市民积极参与到城市监管中，群策群力，勠力同行，为高质量的城市品牌塑造保驾护航。

综上，以“尔滨”火爆出圈为例，分析了哈尔滨城市品牌塑造的成功经验，总结了网红城市发展的启示建议，为其他城市品牌塑造及高质量发展提供了借鉴。网红城市若想实现长久发展，突破“昙花效应”，就要抓住爆火本质，立足自身，提炼精神文化内核，明确定位塑造特色城市品牌，聚集合力丰富品牌宣传手段，统筹规划优化品牌发展环境，冲破“出圈”容易、“长红”困难的发展瓶颈。城市发展还需因地制宜，要立足自身内核厚积薄发，同时还要制约好网红活力与发展秩序，平衡好属地发展与跨界联合，制衡好短暂火热现象与长期可持续发展，掌握网红城市品牌塑造背后的深层逻辑，才能更好地发挥“网红”效应，助力全国城市实现高质量发展。

参考文献

[1] 韩元军. 冰雪旅游发展论[M]. 北京：经济科学出版社，2023.

[2] 韩志超. 北京冬奥会推动冰雪旅游核心区发展效应及战略研究[M]. 北京：中国经济出版社，2023.

[3] 年青，路文平，徐莹. 东北地区经验视角下的我国群众冰雪运动发展研究[M]. 长春：吉林出版集团股份有限公司，2023.

[4] 陈彩霞. 休闲体育产业科学化经营与管理研究[M]. 北京：中国商业出版社，2023.

[5] 朱光好，赵英刚，黄迪. 国际冰雪旅游目的地案例[M]. 北京：经济管理出版社，2022.

[6] 刘佳奇，韩晓伟. 冰雪运动专业人才培训教程[M]. 北京：人民体育出版社，2022.

[7] 刘鹏，朱光好，王欣. 北京市冰雪运动与文化旅游产业融合发展研究[M]. 北京：经济管理出版社，2022.

[8] 邵桂华. 冰雪经济高质量发展的机理与路径研究[M]. 北京：中国商务出版社，2022.

[9] 王世金，魏彦强，徐新武. 中国滑雪旅游目的地时空格局形成机制及其空间优化[M]. 北京：科学出版社，2022.

[10] 王春雷. 北京冬奥会驱动下冰雪产业发展研究[M]. 石家庄：河北教育出版社，2022.

[11] 张大春，张微，滕延峰. 冰雪体育旅游产业[M]. 北京：社会科学文献出版社，2021.

[12] 冯凌，王金伟，刘乙. 中国冬奥旅游发展战略与布局[M]. 北京：经济管理出版社，2021.

[13] 李倩，朱建红. 我国休闲体育发展现状与产业化管理研究[M]. 北京：北京工业大学出版社，2021.

[14] 吴晓华. 冰雪运动强国多维度发展研究[M]. 北京：光明日报出版社，2021.

[15] 李佩聪. 校园冰雪运动文化建设与发展战略研究[M]. 长春：吉林出版集团股份有限公司，2021.

[16] 刘宏辉. 我国冰雪运动可持续发展战略研究[M]. 哈尔滨：哈尔滨工业大学出版社，2021.

[17] 杨金田，贾文彤，张卫. 聚焦放大冬奥效应[M]. 石家庄：河北人民出版社，2021.

[18] 刘雪飞. 冰雪体育产业的发展及其发展策略研究[M]. 长春：吉林出版社，2021.

[19] 邓雪峰. 冰雪体育与传播媒介融合共生研究[M]. 哈尔滨：东北林业大学出版社，2021.

[20] 王昭. 冰雪旅游发展研究[M]. 长春：吉林科学技术出版社，2020.

[21] 郭晗，曹曲岩，修月. 体育冰雪旅游研究[M]. 哈尔滨：黑龙江教育出版社，2020.

[22] 周洪松. 体育旅游市场开发及其可持续发展研究[M]. 长春：吉林大学出版社，2020.

[23] 王晓东. 冰雪运动产业化发展研究[M]. 天津：天津科学技术出版社，2020.

[24] 王麟. 冰雪运动产业发展与文化建设[M]. 石家庄：河北科学技术出版社，2020.

[25] 谭建共，石磊，曹卫. 休闲体育项目策划与管理[M]. 北京：高等教育出版社，2020.

[26] 胡敏. 中国冰雪旅游发展模式与策划研究[M]. 长春：吉林人民出版社，2019.

[27] 姜春红. 吉林省冰雪旅游竞争力提升研究[M]. 长春：吉林文史出版社，2019.

[28] 杨国红. 冰雪文化发展与冰雪项目开展研究[M]. 长春：吉林大学出版

社，2019.

[29] 张延嘉. 冰雪文化对促进冰雪体育产业发展的研究[M]. 哈尔滨：黑龙江人民出版社，2019.

[30] 夏君玫. 体育旅游概论[M]. 长沙：中南大学出版社，2019.

[31] 蒋抒博. 冬奥会背景下中国冰雪产业发展研究[M]. 北京：经济科学出版社，2019.